쓰나미의 과학

차례
Contents

쓰나미 현상의 과학

지구의 요동, 지진

해마다 지구상에서 일어나는 규모 6.0 이상의 지진은 약 150회가 된다. 우리가 생각하는 것보다 더 많은 지진이 지구 어디선가 일어나고 있으며 사람이 살고 있는 곳은 물론, 밀림이나 벌판처럼 아무도 살지 않는 곳에서도 지진이 발생한다. 흔히 '지구의 요동'이라 표현되고 있는 지진은 과연 어떤 원리로 일어나는 것일까? 먼저 지구의 구조에 대해 알아보자. 지구는 달걀과 같이 노른자와 흰자, 껍데기를 가진 구조로 이루어져 있다. 노른자는 지구의 핵에 해당하는 곳으로 높은 온도의 불덩어리다. 또 상층부 흰자 부위에서는 액체 상태의 맨틀이 지구 핵의 영향을 받아 서서히 대류를 일으키고 있다. 계란 껍데기는 지구의 딱딱한 지각으로 볼 수 있다. 계란을 끓는 물에 넣고 삶으면 껍데기가 여러 조각으로 갈라지는 것처럼 지구의 지각은 30여 개의 크고 작은 판들로 조각조각 떨어져 있다. 움직이는 맨틀 층에서 뜨거운 부분은 위쪽으로, 차가워진 부분은 아래쪽으로 유동하여 맨틀 대류를 일으킨다. 그리고 그 위에 떠 있는 조각난 판들도 대류의 움직임에 따라 이동하는데, 이를 '지각 운동' 또는 '판 운동'이라고 이야기한다. 서로 붙어 있던 판들이 이탈해 가는 부분이 있는가 하면 반대로 충돌하는 부분도 있다. 이러한 지각 운동에 따라 대륙이 만들어지기도 하고 깊은 바다가 이루어지기도 한다.

남아메리카의 동측과 아프리카의 서측은 판과 판 사이의 경계가 서로 멀어지고 있는 대표적인 지역이다. 아프리카판과 남미판이 서로 멀어지는 가운데 대서양이 만들어지고 거대한 해구를 이루면서 깊이는 점점 더해간다. 반대로 두 판 사이의 경계가 점점 좁아지다 충돌하는 곳들도 많다. 히말라야 산맥으로 유명한 인도 파키스탄 지역이 대표적인데, 유라시아판과 인도·호주판이 서로 충돌하는 가운데 점차 융기가 일어난다. 그 결과가 바로 히말라야 산맥이다. 또 파키스탄의 솔트마인(Salt Mine)에서도 비슷한 예를 찾을 수 있는데, 이곳은 지금 제법 유명한 관광지로 지표에서 수백 미터 갱도를 따라 내려가면 거대한 소금광산을 만나게 된다. 이곳이 2억 5천만 년 전에는 바닷속이었다는 증거다.

두 개의 판이 서로 충돌하는 가운데 서로 겹쳐져 함몰해 가는 곳도 있다. 겹쳐진 두 판 가운데 하부로 함몰해 가는 판은 상부에 놓인 판을 끌고 미끄러져 들어간다. 이때 두 판 사이에 마찰력이 작용하여 둘 사이에 스트레스(원형을 지키려는 힘)가 축적된다. 끌려 들어가는 상부의 판은 함몰하면서 압축되고, 탄성 반발력이 압축력보다 커지게 되면 이내 폭발을 일으킨다. 이를 좀 더 쉽게 설명하면 서로 부딪치는 판 경계면에 스프링이 있다고 볼 수 있다. 스프링이 받는 압축력이 탄성을 이기지 못할 경우 스프링이 튀어 오르게 되고, 이를 빗대어 다시 '단층운동'으로 설명할 수 있다. 이 과정에서 일어나는 지구의 요동을 '지진'이라고 이야기한다. 그리고 지표의 단층 지대에서 맨틀 대류에 의한 판의 충돌과 이탈, 그리고 그에 따른 지각의 변동과 대륙의 형성 등을 총괄적으로 설명한 학설이 바로 판구조론(plate tectonics)이다.

쓰나미란 무엇인가?

쓰나미의 어원과 유형

해저에서 대규모 지진이 발생하면서 동반되는 해일을 일컬어 '쓰나미'라 칭한다. 쓰나미라는 용어의 어원은 일본어에 있는데, 한자로는 '津波(진파)'라고 쓴다. 이를 읽을 때의 발음이 '쓰나미'가 된다. 여기서 '津'은 '배가 도착하는 곳'으로 '港(항구 항)'의 의미이다. 우리나라 지명에서도 '津'은 항구의 의미로 사용되는데, '항에 내습하는 파동'의 의미로 '津波'라 칭하게 되었다고 한다. 대개의 쓰나미가 항구를 덮쳐 큰 파동을 일으키기 때문에 이 고유 특성을 묘사하기 위한 것으로 보이며, '항구가 가진 고유 진동에 따라 공진을 일으키는 쓰나미의 물리적 특성'을 의미하기 위한 의도로 풀이된다.

일본어에서 유래된 이 단어는 1946년 알류산 열도에서 일어난 쓰나미가 하와이에 도착했을 때, 현지 일본계 이민족이 'Tsunami'라는 용어를 사용하여 처음 명칭했는데, 지금은 미국을 비롯한 전 세계가 사용하는 국제공용어로 정착되었다. 영어에서도 쓰나미를 일컫는 말로 'Tidal Wave' 또는 'Seismic Sea Wave'라는 고유어가 있기는 하지만 'Tsunami'가 더 일반화되었다.

우리나라에서는 쓰나미를 일컬어 '지진해일'이라 말하기도 한다. 이는 우리나라에서만 사용하는 용어이며 조선왕조실록을 비롯한 역사서에도 등장했다. 학계를 중심으로 우리 고유어인 '지진해일'을 사용하기로 권장하던 때가 있었으나, 현재는 쓰나미라는 용어도 함께 사용하고 있다.

쓰나미는 발생하는 원인에 따라 여러 종류가 있다. 일반적으로 가장 많이 알려져 있는 쓰나미는 대규모 해저 지진에 의해 일어난다. 또 깊은 바닷속 해저 경사면이나 대륙붕 사면이 붕괴되어 해저면에 변위가 일어나는데 이 역시 쓰나미를 일으킨다. 바다 위에 떠 있는 화산섬이 폭발하면서 섬 몸체가 공중으로 날아갈 때 순식간에 그 공간에 바닷물이 채워지게 되는데 그 과정에서도 쓰나미가 일어난다. 다소 공상과학 에세이처럼 느껴지기도 하지만, 최근 헐리웃 영화에서 많이 볼 수 있는 사례로 우주로부터 접근한 거대 운석이 지구 바다에 떨어지면서 그 충격으로 쓰나미가 일어나기도 한다. 앞에서 설명한 쓰나미의 모든 종류는 지구상에서 실제 발생 가능한 해양 현상으로 과학적인 해석도 함께 이뤄지고 있다.

쓰나미는 발생 원인에 따라 여러 종류가 있지만, 역시 가장 많은 경우는 해저지진에 의한 쓰나미다. 해저지진에 의한 쓰나미는 대륙의 판 운동으로 해저에서 거대 지진이 발생하는 데서부터 시작한다. 또 이 지진으로 인해 100초 정도의 짧은 시간 동안 단층이 만들어진다. 위에 있는 상반이 하반보다 위로 올라가 역단층을 이루게 되면 주변 해저면이 융기하게 되는데, 융기는 단층 근처에서는 크고 멀어질수록 점점 작아진다. 해저면에 융기가 일어나면 그 면적만큼 상층부에 놓여 있던 바닷물이 움직인다. 마치 물기둥이 위로 이동하는 것처럼 운동을 일으키는 것이다. 여기서 지진의 힘이 심해 바닷물 기둥을 순식간에 밀어 올릴 수 있을 만큼 강력하다는 사실을 알 수 있다. 또 순식간에 단층운동이 일어나기 때문에 바닷물은 수평 방향으로는 이동할 틈도 없이 위로 솟구치게 된다. 물기둥이 상승함에 따라 해수면에서는 그만큼 주변 해수면과 수위차를 이루게 되고, 이 상태가 바다 위에 쓰나미가 발생하기 시작하는 초기 형태다.

그러나 해저에서 지진이 일어났다고 해서 항상 쓰나미가 발생하는 것은 아니다. 일반적으로 수직으로 운동하는 지진의 규모가 7.0 이상이고 진앙지 수심이 1km가 넘을 때 강력한 쓰나미가 일어나는 것으로 알려져 있다. 지진의 규모는 단층이 움직인 거리와 융기나 침강이 일어나는 해저면의 면적에 비례한다. 즉, 지진 규모가 클수록 변위량과 해저면의 면적이 넓어져 만약 규모 7.0의 지진을 가정한다면 폭 100km 이상, 길이 300km 이상이 되며 수직 변위량도 커서 아주 큰 경우 10m에 이르기도 한다. 또 융기를 일으킨 해저면 위에 놓인 물기둥이 상승함으로써 쓰나미가 발생한다는 것을 감안하면 물기둥의 높이에 따라 쓰나미의 크기가 달라질 수도 있음을 알 수 있다. 일반적으로 수심 1km가 넘어야 강한 쓰나미가 발생하게 되며, 수심이 낮은 경우에도 해수면 변위가 일어나지만 큰 파동을 일으킬 정도의 강한 에너지를 갖지는 못한다.

해저지진에 의해 해수면이 일부 상승한다는 것은 해수면에 위치에너지가 발생한 것으로 볼 수 있다. 상승한 해수면이 중력으로 인해 원래의 모습으로 돌아가고, 다시 주위보다 낮아지게 되면 여기서 운동에너지가 유발된다. 낮아진 해수면은 다시 위치에너지의 변동을 일으키게 되고 원래대로 수면이 상승하게 되는데 이때에도 운동에너지가 발생한다. 이렇게 단층의 면적에 비례해 파장이 길게는 수백 킬로미터나 되기도 하는데, 해수면이 상하 진동을 반복하면서 위치에너지와 운동에너지가 교차로 전환되고, 결국 파동을 만들면서 사방으로 퍼져나가게 된다.

쓰나미의 전파속도

진앙지에서 해수면 변동으로 발생한 쓰나미의 모습은 마치 호수에 돌을 던졌을 때 동심원을 그리며 전파되어 가는 것처럼 바다 위를 지나간다. 그러나 전파되는 모양이 반드시 동심원의 형태는 아니다. 진행하는 곳의 수심에 따라 쓰나미의 전파 속도가 다르기 때문이다. 실제 전문 학자들이 쓰나미를 연구하고 조사하는 데 있어 가장 풀고 싶어 하는 수수께끼의 대부분은 이 전파 속도와 관계되어 있다.

쓰나미의 운동을 설명하기 전에 기본적인 물리량을 이해하면 접근이 쉬워진다. 물에서 일어나는 파동이란 수면에서 시간적, 공간적으로 승강운동을 반복하는 현상을 말한다. 수면의 임의 지점에 서서 스톱워치를 들고 파동이 지나가는 것을 관찰할 때, 봉우리가 지나가고 그 다음 봉우리가 나타나기까지 걸리는 시간을 파동의 '주기(T)'라 한다. 이는 세상의 모든 파동에 공통적으로 정의하고 있는 고유 물리량이다.

이번에는 쓰나미가 지나가는 모습을 공중에서 사진으로 찍었다고 가정하자. 임의 시각에 두 봉우리가 이루는 거리를 '파장(L)'이라 한다. 파장(L)을 주기(T)로 나누면 파동이 전파되는 속도인 '파속(C=L/T)'을 얻을 수 있고, 이때 파속은 파봉이 전달되는 속도이다. 파속은 물 입사가 이동하는 속도가 아닌 에너지의 전달속도이다. 즉 파동이 전달되어 올 때 봉우리가 움직이는 속도가 파속에 해당한다.

파동의 전달을 이야기할 때 또 하나의 이동 속도를 생각해야 한다. 파동이 전달되는 동안 물 입자는 원 운동 또는 직선 운동을 하게 된다. 이러한 물 입자 하나하나가 이동하는 속도를 우리는 '유속'이라 하는데, 이는 바닷속의 실제 물 입자가 움직이는 속도이다.

부채춤을 예를 들어 파속과 유속을 설명해 보자. 무희들이 일렬로 늘어서서 파동을 만드는 모습을 기억할 것이다. 무희들이 부채를 들고 움직이면 마치 파동이 이동하는 것처럼 느낄 수 있다. 무희 각자가 부채를 이용해 순차적으로 원을 그리면 그것이 마치 파동처럼 보이는 것이다. 이때 파동 하나가 왼쪽에서 오른쪽으로 진행하는 속도가 파속에 해당된다. 그리고 부채를 든 무희들이 그리는 원의 궤적을 따라 손에 들린 부채가 움직이는 속도는 유속이라 정의할 수 있다.

쓰나미의 에너지는 파속을 따라 이동한다. 우리가 해안에서 쓰나미를 목격했을 때 바다의 모습은 큰 벽이 다가오는 것처럼 느껴진다. 그 벽은 파동의 봉우리에 해당하며 그 안에는 이미 쓰나미의 강한 에너지가 실려 있다. 그러나 해양의 모든 파동이 그런 것은 아니다. 에너지가 전달되는 속도와 파속이 다른 경우도 있다. 예를 들어 바람이 불어 발생하는 풍파의 경우 에너지는 파속의 1/2 속도로 전달된다. 즉, 태풍에 동반되는 파도가 해안에 처음 도달하고 그 뒤로 강한 에너지가 동반된 거대 파도가 이어진다. 이러한 시간차는 사람들에게 대피를 위한 여유를 줄 수도 있다. 그러나 쓰나미의 경우 파속과 에너지의 전달 속도가 일치하기 때문에 맨 처음 파동이 도달할 때 이미 에너지를 안고 내습하게 된다. 이는 태풍과 비교해 상대적으로 대비할 수 있는 여유가 적다는 것을 의미한다.

쓰나미의 파속($=\sqrt{gD}$)은 바다의 수심(D)에 따라 결정된다. 쓰나미가 얼마나 빨리 전파되는지 쉽게 이해하기 위해 간략화해 보자. 지구의 중력가속도 g($=9.8\text{m/sec}^2$)를 10으로 보고 수심에 10을 곱한 후 제곱근을 취한 값이 파속과 비슷해진다. 예를 들어 수심이 10m라면 파속은 약 10m/sec가 된다. 이를 지구상에 적용해 볼 때 태평양의 평균 수심을 약 4,000m 라 하고, 이를 10배하여 평방근을 취하면 200m/sec이 되고, 이를 시속으로 환산하면 720km/hr에 해당한다. 만약 쓰나미가 태평양을 횡단한다면 그 이동 속도는 제트 여객기와 같은 셈이다. 실제로 1960년 칠레 해안에서 규모 9.2의 강진이 발생했고, 이로 인한 쓰나미가 태평양을 횡단해 일본 연안에 도달하기까지 걸린 시간은 약 22시간이었다. 전파된 거리는 약 17,000km이었으며, 이때 평균 전파속도는 약 770km/hr였다.

쓰나미가 해안에 도달한 뒤에도 에너지는 쉽게 소멸하지 않으며 빠른 속도로 연안 지역을 삼킨다. 2004년 인도네시아 수마트라 섬에 내습한 남아시아 쓰나미와 2011년 일본 동북부 거대 쓰나미가 내습하는 모습의 동영상을 보면 그 속도를 쉽게 짐작할 수 있다. 쓰나미가 먼 바다에 있을 때는 높은 벽이 움직이고 있음에도 불구하고 정면에서 바라보는 입장이기 때문에 그다지 빠르다고 느끼기 어렵다. 그러나 해안을 덮치는 순간에는 좀처럼 달려오는 쓰나미를 피하지 못하고 이내 휩쓸리는 모습을 볼 수 있다. 2011년 동일본의 해안도로 위를 달리 고 있던 자동차가 쓰나미에 의해 삼켜지는 모습을 보면 그 속도가 얼마나 빠른지 다시 한 번 실감하게 된다.

태평양을 횡단하는 쓰나미의 위력

쓰나미의 파장은 수백 킬로미터나 되고, 파장의 길이는 지진이 일어날 때 단층의 크기와 관련된다. 지진으로 인한 지각의 연직방향 변형이 쓰나미의 초기 형태와 같다고 볼 때, 그 모양은 직사각형 형태로 가정할 수 있다. 즉, 앞의 설명에서 지진에 의해 해저면이 파괴되는 크기는 폭 100km, 길이 300km 정도의 직사각형으로 가정한다고 이야기했다. 그러한 단층 조건 하에서 쓰나미는 직사각형의 단축 연장방향으로 양분되어 전파된다. 즉, 길이가 300km이고 폭이 50km인 파동 두 개가 양쪽으로 분리되는 셈이다. 이를 다시 파동의 물리를 이용해 살펴보기로 하자.

바다의 파동을 삼각 함수의 사인(sine)곡선으로 보고 0도부터 180도까지의 (+)방향 파동이 옆으로 전파해간다고 가정한다. (+)방향으로 상승한 수면은 중력의 영향으로 다시 하강한다. 아래 방향으로 향하는 수면은 관성의 영향으로 평균 수면보다 내려가 이번에는 (-)방향의 파동을 이루게 되는데, 이는 180도부터 360도에 이르는 사인 곡선의 모양과 같다. 즉, 0도부터 180도까지 (+)파동의 길이가 50km이고, 180도부터 360도까지 (-)파동의 길이 역시 50km로 이 둘을 합한 100km의 파장을 가진 파동이 해양으로 전달되는 것을 알 수 있다. 또 이러한 과정이 반복되어 바다 위에는 여러 개의 파장이 늘어서게 된다. 지진 규모가 커지면 직사각형의 폭은 더욱 커지고, 파장 역시 이와 비례해 길어진다. 해양 파동 중 가장 긴 파장을 가진 조석파(천체의 인력과 지구운동의 복합적인 작용에 의해서 일어나는 해면의 파동 현상)가 태평양을 가로질러 전달된다는 것은 익히 알려진 바 있다. 이는 그 원인이 되는 달이 바다 위를 이동하기 때문이다. 그러나 쓰나미는 태평양 어딘가에서 발생한 뒤 이후에는 아무런 외력이 작용하지 않아도 스스로 전파해 간다. 이는 연못에 돌을 던지는 경우 원형의 파동이 점점 넓어지는 현상과 같은 원리이다.

1960년의 칠레 지진 쓰나미는 현재까지 태평양에서 발생한 가장 큰 사례로 길이 800km, 폭 200km의 단층이 24m의 변위를 일으킨 지진에 의한 것이었다. 진앙지의 파장은 약 700km, 파고는 약 10m의 해일로 추정되어 극단적으로 큰 경우라 할 수 있다. 이러한 쓰나미가 태평양을 횡단할 수 있는 이유 중 하나로 거대한 규모를 꼽을 수 있다. 17,000km 거리의 태평양을 가로질러 쓰나미가 시간당 770km의 속도로 이동한다면 단 20회의 상하운동만을 반복해도 동아시아에 도달할 수 있다. 아무런 방해도 받지 않고 에너지의 소모가 거의 없는 상태에서 태평양을 건너 일본에 내습할 수 있다는 이야기다.

수심이 낮아지면 쓰나미는 높아진다.

파장이 긴 쓰나미가 연안에 내습할 때에는 파동의 선단부가 연안에 도착해도 100km 이상 떨어진 곳에 위치한 후단부는 아직 깊은 바다 상에 위치해 있다. 하지만 파속은 수심에 비례하여 빨라지기 때문에 선단부의 속도는 수심이 낮은 해안에 가까워지면서 점차 느려지지만 후단부는 상대적으로 깊은 곳에 있어 급격히 다가오게 된다. 앞이 정체되고 뒤가 빨라지면 파동 길이는 줄어들게 되는데, 이는 곧 파장이 짧아지는 결과를 초래한다.

일반적으로 쓰나미의 에너지는 파고의 크기로 표시한다. 깊은 바다에서 긴 파동이 해안에서 짧은 파동으로 변이되면 에너지는 높은 수위로 전환된다. 길었던 파장이 급격히 짧아지게 되면 파장 전체에 분포하고 있던 에너지는 연직 방향으로 전달되어 파동의 봉우리, 즉 산은 높아지고 골은 낮아지게 된다. 결국 수심의 변화는 수위의 변화를 일으키는데 수위는 수심의 4분의 1승에 반비례하는 관계를 갖는다. 대략 100m 수심에서의 1m 쓰나미가 수심 1m 해역에 진입하게 되면 약 3.3m로 커지는 셈이다. 이렇게 수심이 낮아짐에 따라 파고가 높아지는 현상을 '천수(淺水)효과'라 한다. 대양에서는 0.5m에도 이르지 못했던 쓰나미가 해안에서 수심이 낮아지는 가운데 천수효과를 일으켜 급격히 커지는 것이다.

수심이 얕은 곳에서 파속이 늦어지는 효과는 파동의 진행 방향을 수심이 낮은 곳으로 유도한다. 이를 파동의 '굴절(屈折)

현상'이라 하며, 수심 차이에 의한 파동의 굴절현상은 주로 장주기를 가진 파동에서 나타난다.

쓰나미가 해안으로 접근할 때 이를 공중에서 보면 파봉이 연속된 선으로 이루어졌음을 알 수 있다. 파봉을 연결한 선이 해안과 약 45도의 각을 이루며 해안으로 접근한다고 가정해 보자. 파봉을 연결한 선은 서로 다른 수심에 위치하게 되고, 해안 가까이에 위치한 파봉의 전파 속도는 낮은 수심 때문에 지체되어 서서히 진입한다. 그리고 해안에서 멀어질수록 빨라져 결국 파봉을 연결한 선은 해안에 평행하게 진입하게 된다. 다시 말해 수심의 차이는 쓰나미의 전파 속도 차이를 유발하고, 설령 해안에 사선방향으로 진입한다 하더라도 결국 해안과 평행하게 방향이 변화함을 알 수 있다.

이번에는 바닷속에 수심이 얕은 고깔 모양의 천퇴(언덕 모양으로 높게 솟아오른 부분)가 있거나 섬이 있다고 가정하자. 그 주변을 통과하는 쓰나미는 수심과 전파 속도가 다르기 때문에 돋보기를 통과한 빛이 한 곳에 모이듯 수심이 얕은 곳을 중심으로 꺾이게 된다. 이 경우는 직선 해안의 경우보다 다소 복잡한 전파 양상을 보인다. 천퇴의 바깥쪽 수심이 깊고 중앙부가 얕기 때문에 새의 날개가 접히듯 굴절을 일으키고, 결국 진행하는 방향의 반대쪽에 천퇴 중앙을 중심으로 양쪽에서 두 개의 파동이 중첩된다. 이렇게 천퇴 뒤쪽에 높은 쓰나미가 집중되는 현상은 이론과 실험을 통해서도 입증되고 있다.

유사한 현상은 V자 형상의 만(灣)에서도 볼 수 있다. 넓은 입구를 통해 들어간 쓰나미는 만 안쪽으로 들어갈수록 그 폭이 좁아지기 때문에 역시 에너지가 쌓이고 파고는 증가한다. 이 경우 파고는 만 폭 비율의 2분의 1승에 비례한다. 폭 10km의 V자 만 입구에 1m의 해일이 진입하게 되면, 그 폭이 1km가 될 때 파고는 약 3.3m까지 증폭하는 것이다. 이렇게 쓰나미의 높이는 전파해 가는 도중의 수심 변화, 즉 해저 지형에 의해 크게 좌우됨을 알 수 있다. 해안에서 수심이 작아지면 쓰나미가 커지는 재앙의 원리가 바로 여기에 있다.

만 내부에서의 쓰나미 공진

만 내부에 들어가는 쓰나미는 '공진(共振)'을 일으킨다. 공진은 물체가 가진 고유 진동수와 관계있다. 지구상의 모든 물체는 고유진동수를 가진다. 예를 들어 기계 시계는 내부에 진동자를 두고, 그 진동의 수 만 배를 1초로 정하여 시계를 움직이고 있다. 이와 마찬가지로 우리가 사는 집이나 해안의 만(灣)역시도 일정한 주기의 고유진동을 갖는다.

만을 탁자 위에 놓인 얕은 용기라 가정해 보자. 이 얕은 용기에 물을 담아 엎지르지 않고 운반하기는 쉽지 않다. 약간의 충격에도 물이 움직여 쏟아지고 만다. 이처럼 만 내부의 바닷물도 만의 크기, 물의 깊이, 충격의 특성에 따라 육지로 쉽게 엎질러져 침수를 일으킬 수 있다. 용기에 담긴 물이 가장 엎질러지기 쉬운 조건을 보기 위해 우선 물이 든 용기 한쪽 단을 들어올린다. 용기의 바닥은 경사를 이루지만 수면은 수평이 된다. 손을 떼서 용기 바닥이 바닥에 떨어지는 순간, 수면은 경사를 이루고 중력의 영향으로 높은 곳에서 낮은 곳으로 물이 흘러간다. 이때 관성이 생기므로 수면이 수평을 이루어도 멈추지 않고 반대쪽으로 높아지는데, 이번에는 처음 용기를 들어 올렸을 때와 반대 방향으로 수면 경사가 발생한다. 이렇게 용기 내 진동이 반복되는 동안 용기 벽면에는 파동의 산이나 골이 교차하는 가운데 상하 운동이 일어난다. 파동에 있어 산에서 산까지의 거리를 파장이라 하고, 용기 내에서 경사진 수면에는 산에서 곡까지 모두 들어 있기 때문에 전체 파장의 2분의 1만큼이 교차되면서 상하 운동을 계속하는 셈이다. 이러한 원리로 발생하는 진동을 '고유진동'이라 한다.

용기 옆면에 파동의 산이 나타난 뒤 낮아져 골이 되었다가 다시 산으로 돌아오기까지 걸리는 시간을 용기가 가진 '고유진동 주기'라고 한다. 자연 만에 있어서는 입구가 열려 있고 만 안쪽 해안에만 벽면이 있는 모양새다. 따라서 물이 담긴 용기와 비교하면 만 내부에는 4분의 1 파장만큼의 파동이 들어 있게 된다. 따라서 전체 파장의 4분의 1 안에서 이루는 진동이 만의 고유진동이 된다. 따라서 만 바깥쪽에서 작은 충격만 가해져도 고유진동이 발생하기 쉬운 형상이 되는 것이다. 외부 충격이 한 번만 있다면 고유신동은 잠시 후 멈추지만, 계속해서 충격이 가해지고 그 시간 간격이 고유진동 주기와 같다면 진동은 점점 커지게 되는데, 물리학에서는 이를 '공진'이라 한다.

외부에서 3개 파장이 연속으로 들어오게 되면 쓰나미에서도 공진이 일어날 수 있다. 해안에 도달한 쓰나미는 여러 차례 진동이 반복되기 때문에 서너 개의 파장이 연속하여 도달하기는 쉽다. 그리고 만이 발달해 있는 해안에 쓰나미가 내습하면 공진으로 인해 파고는 더욱 높아진다. 길이가 짧은 만에서의 공진 주기는 긴 만에서보다 짧고, 비교적 짧은 주기의 쓰나미에도 공진을 일으킨다.

그런데 실제 지진으로 쓰나미가 일어날 때 해저면의 융기가 이루는 해수면의 변동에는 다양한 크기의 단주기 파동과 장주기 파동이 함께 섞여 있다. 즉, 어떤 길이를 가진 만이든 공진을 일으킬 가능성이 있다는 얘기다. 만약 진앙이 해안에 가까워 곧바로 해안으로 밀려든다면 쓰나미는 짧은 주기가 우세하게 나타난다. 따라서 피해를 받기 쉬운 곳은 주로 길이가 짧은 만이다. 이에 반해 태평양을 건너 멀리서 다가오는 쓰나미는 도중에 짧은 주기의 파동 성분 에너지가 소멸되기 쉽기 때문에 장주기 성분만 남게 되는데, 이때는 길이가 긴 만에 내습하여 역시 공진으로 인해 큰 피해를 입기 쉽다.

쓰나미의 위력

콘크리트 건물을 무너뜨리는 위력

쓰나미는 해양에서 발생하는 파동현상 중에서 파괴력이 가장 큰 것으로 알려져 있다. 파괴력이 큰 이유는 앞서 설명한 바와 같이 대양에서의 거대한 물기둥 운동에 의한 에너지 때문이다.

1983년 일본 아키타(秋田)현 서쪽 바다에서 발생했던 규모 7.3의 중부지진은 큰 쓰나미를 일으켰다. 쓰나미가 해안에 도달했을 때 일본 아오모리(青森)현 연안의 바다 낚시꾼이 해일 내습을 보고 즉시 몸을 피했지만, 불과 70cm 높이의 쓰나미에 의해 휘말려버린 일이 있다. 또 내륙 수 킬로미터 안쪽까지 전파되어오는 모습을 보더라도 그 힘을 짐작할 수 있다.

육상에 내습한 쓰나미의 에너지가 어느 정도인지는 1946년 알류산에 내습했던 지진해일 사례에서도 볼 수 있다. 알류산 우니막이라는 섬에 내습한 높이 30m의 쓰나미는 해발 10m 되는 곳에 서있던 18m 높이의 철근 콘크리트 등대를 일격에 무너뜨린 바 있다. 당시 쓰나미가 내습하여 등대를 덮치는 상황이 하와이 태평양경보센터(PTWC: Pacific Tsunami Warning Center)에 전시되어 있다. 이는 사진이 아니고 당시 상황을 그림으로 그려 놓은 것이지만, 실제 흔적도 사진 기록으로 남아 있다. 사진에서 우리는 쓰나미에 의해 흔적 없이 사라진 등대, 그리고 그 기초에 휜 철근이 부러진 모습도 볼 수 있다.

1964년 알라스카에 내습했던 쓰나미의 사례도 유명하다. 10m가 넘는 쓰나미와 함께 얇은 나무판이 함께 밀려들어 왔는데, 이 나무판이 자동차 타이어를 향해 달려들어 단단한 고무를 뚫고 타이어를 관통한 사진도 기록되어 있다. 이를 통해 거의 총알이 날아오는 정도의 힘을 연상할 수 있을 것 같다.

또 좀처럼 풀기 힘든 수수께끼 같은 일도 있었다. 해안 도로에 서 있는 가로등과 가로수에 대한 이야기다. 가로등은 대체로 굵고 단단한 철제 기둥으로 기초 직경이 20cm 이상이다. 그런데 쓰나미가 지나간 뒤, 가로등의 철제 기둥이 바로 옆에 있던 가로수를 칭칭 감아 포박한 사진이 남아 있다. 불규칙한 쓰나미에 나뭇가지는 유연하게 충격을 견딜 수 있었지만, 철제 기둥은 휘거나 꺾여 가로수를 휘감게 된 것으로 추측된다.

해안에 내습한 쓰나미는 난류 형태로 일정치 않은 흐름을 일으키고 해안 구조물이나 지형에 따라 불규칙하게 움직인다. 그러나 휘몰아치는 매 순간에도 에너지는 거대하여 이처럼 수수께끼 같은 일들이 일어나게 된다. 쓰나미가 지나간 폐허에는 이렇게 복잡한 시나리오들이 숨어 있기 때문에 실제로 어떤 과정을 거쳐 그런 일들이 발생했는지는 모두 추측으로만 남아 있는 경우가 많다. 파괴된 기둥과 벽체, 기초 흔적만 남아 있는 건물 잔해가 수 킬로미터 밖에서 발견되기도 하고, 진앙이 해안에 가까울 때는 진동에 의한 피해와 해일 피해가 동시에 발생하기 때문에 무엇이 진짜 원인인지 단언할 수 없을 만큼 복잡한 양상을 띠게 된다.

2004년 남아시아 쓰나미와 2011년 일본 동북지방 쓰나미 내습 장면은 인터넷과 TV를 통해 전 세계에 전파되었다. 멀리서 육지를 향해 달려오는 쓰나미는 방파제를 넘어 호안(하천 유수에 의한 침식에 대비해 하안·제방을 보호하는 공작물) 육지 위를 마치 바다인 것처럼 거침없이 밀려들어온다. 해일을 피하고자 사람들은 달려보지만 방파제를 뛰어넘어 들어오는 해일에 이내 휩쓸리고 만다. 논밭 위를 질주하는 쓰나미는 거침없이 내륙을 향해 밀려들어오면서 집과 자동차, 깊이 뿌리박힌 나무 등 육지의 모든 것들을 집어삼킨다. 해일을 뒤로 하고 자동차도 전속력으로 달려 보지만 이내 해일에 떠내려 가버린다. 사실 쓰나미가 어디까지 밀려들어오는지는 단정할 수 없다. 아무리 거친 들판 위를 달리더라도 그 기세는 꺾이지 않아 수 킬로미터까지 진입하는 것을 볼 수 있다.

쓰나미의 쳐오름

쓰나미의 가장 무서운 특징은 육지를 향해 쳐 오르는 일이다. 이때의 높이를 쓰나미의 '쳐오름 높이'라 하는데, 2011년 일본 동북 지방 쓰나미의 최대 쳐오름 높이는 37.9m로 보도되었다. 2004년 남아시아 쓰나미 역시 37m 이상의 높은 기록을 보였다.

쓰나미의 쳐오름 높이는 내습이 끝난 뒤 현지 조사와 관측을 통해 알아낼 수 있다. 쓰나미가 내습한 지역을 조사할 때 많이 관찰하는 것은 식생이다. 바닷물이 닿은 잎은 염분으로 인해 말라버리게 되며 거리를 두고 멀리서 해안을 바라보면 쓰나미가 도달한 높이를 쉽게 파악할 수 있다. 그 높이를 해수면으로부터 측정하여 쳐오름 높이로 기록한다. 쳐오름 높이는 바닷물 전체가 수직 방향으로 올라간 높이가 아니다. 예를 들어 37.9m의 쳐오름 높이는 그 지역 일대의 모든 해수면 높이가 그만큼 불어 오른 것을 의미하지는 않는다. 급격한 경사를 갖고 육지로 올라간 높이가 쳐오름 높이인 셈이다.

해일의 쳐오름은 육지의 경사를 따라 굽어 오르게 되는데, 특히 계곡에 도달한 해일은 마치 경사진 만에 내습하는 것처럼 계곡 안쪽을 따라 굽이쳐 오르게 된다. 이처럼 쓰나미의 높이는 해안 지형에 따라 국지적으로 달라질 수 있다. 1993년 북해도 오쿠시리 섬 모나이 지역에서의 30m가 넘는 쓰나미 최대 쳐오름 높이도 인근 지역의 15~20m와 상당한 차이를 보이고 있다. 최대 쳐오름 높이가 나타난 지점은 계곡의 형상을 띄고 있는 언덕으로 쓰나미 에너지가 집중되어 높은 해일을 동반한 것으로 추측된다.

해안 평야가 발달한 곳에서는 불과 수 미터의 쓰나미가 수평거리 1km가 넘는 지역을 범람시킬 수 있다. 곶(바다로 돌출한 육지의 선단부)과 같이 섬의 돌출 부위에 표고(바다의 면이나 어떤 지점을 정해 수직으로 잰 일정한 지대의 높이)가 낮고 넓은 평야가 형성되면, 그 일대를 쓰나미가 가로질러 지나가는 일도 발생한다. 10m의 해일이 내습할 경우 어디까지 물이 들어가느냐는 구조물이나 여러 가지 마찰 조건에 따라 달라지지만 대략 표고 10m까지 침수되는 것을 알 수 있다.

처오름의 속도 역시 피해의 관점에서는 큰 문제다. 육상에서 쓰나미의 이동 속도는 육상 선수가 달리는 속도보다 빠르다. 멀리 바다에서 해일이 다가오는 것을 목격하고 대피를 시작해도 해일의 높이보다 높은 지역이나 건물 옥상으로 피하는 것이 아니라면 피해 입을 확률이 높다는 뜻이다.

쓰나미의 높이와 피해의 관계

해마다 반복되는 재해가 아닌 만큼 쓰나미의 내습 기록은 비교적 많지 않다. 그 이유는 쓰나미의 높이와 피해의 인과 관계를 구하기가 쉽지 않기 때문이다. 일반적으로 1m의 쓰나미가 내습하면 사람이 부상을 입고 목조 주택이 부분 파손을 일으킨다. 2m의 쓰나미가 내습하면 목조 주택은 완전 파괴되고 어선에 피해가 발생하기 시작한다. 이는 연안 부락에 피해가 발

쓰나미강도	0	1	2	3	4	5
쓰나미파고(m)	1	2	4	8	16	32
목조가옥피해	부분파괴		전면파괴			
석조가옥피해	견딜 수 있음		자료없음	전면파괴		
철근콘크리트조빌딩피해	견딜 수 있음			자료없음		전면파괴
어선피해		피해발생	피해율 50%	피해율 100%		

首藤의 쓰나미 강도 지표.
(출처: 首藤伸夫: 津波強度と被害, 東北大学津波工学研究報告, 第9号, 1992.)

생하기 시작하는 높이이기도 하다. 약 4m의 쓰나미가 내습하면 벽돌 건물이 전파되고 어선과 연안 부락의 피해율이 50%에 이르게 된다. 약 16m의 쓰나미가 내습하면 철근콘크리트 건물이 전면 파괴되고, 어선의 피해율은 거의 100%에 이르며 연안 부락 역시 완전 침수되는 피해가 일어나기 쉽다. 또 해안 양식과 어업은 쓰나미가 내습하면 언제나 피해를 입게 된다.

쓰나미에 의한 건축물 피해는 처오름 높이와 유속에 따라 달라진다. 지진해일에 의한 피해를 정량적으로 추측하기 위해서는 먼저 대상지역의 지진해일 침수심과 유속을 추산하고 파력을 계산한 뒤 이로부터 건물 피해 동수 또는 인명피해를 구하게 된다. 대표적인 사례로 일본을 대표하는 쓰나미 전문가 슈토(首藤, 현 일본대 교수)는 일본 쓰나미 피해 이력을 바탕으로 침수심과 가옥피해 정도의 관계를 조사하여 쓰나미 높이와 피해의 관계를 위의 표와 같이 표현한 바 있다. 또 그는 직접 제안한 쓰나미 강도식 $i=\log_2 H$(H는 국소적인 지진해일 침수심 또는 항만 내의 쓰나미 높이)와의 관계를 기준으로 구조물별 가옥피해, 어선, 양식시설, 방조림의 피해 정도를 정리하고 있는데, 다만 침수심

가옥의 종류	중간정도 피해			대규모 피해		
	침수심 (m)	유속 (m/sec)	항력 (kN/m)	침수심 (m)	유속 (m/sec)	항력 (kN/m)
RC조	–	–	–	7.0 이상	9.1 이상	332~603
콘크리트블럭조	3.0	6.0	60.7~111	7.0	9.1	332~603
목조	1.5	4.2	15.6~27.4	2.0	4.9	27.4~49.0
피해정도	기둥 잔존, 벽체 일부 파손			벽과 기둥 대부분이 파괴 또는 유실		

飯塚, 松富의 가옥파괴 기준.
(출처: 飯塚秀則, 松冨英夫: 津波氾濫流の被害想定, 海岸工学論文集, 第47巻. 2000.)

2m 이상의 경우 전파, 1m 이상 2m 미만의 경우 반파 등 일률적인 평가에 그치고 있는 한계가 있다. 실제 일본 내각부 중앙방재회의 전문조사회는 이 쓰나미 강도 지표를 적용하여 침수심 분포에 따라 건물 피해동수를 추산하고 있다. 그러나 쓰나미 범람 시 해일의 움직임은 국소적인 변화가 심하며 피해 발생과정을 정확히 알 수 없는 것이 현실이다.

이러한 지표가 진보되면서 쓰나미 피해지역 현지조사를 통해 건물 벽면과 수목에서 흔적을 읽어 최대 침수심을 구하고, 건물 피해 정도와 관련지어 설명한 경우도 있다. 또 건물 전면과 배면의 흔적 높이 차로부터 범람 유속을 추정하고 건물 피해 정도와 관련지어 설명하기도 하였다.

쓰나미 피해의 트리거

쓰나미의 높이와 피해 관계는 2004년 남아시아 쓰나미를 겪으면서 조사 기록이 많이 정비되었다. 도출된 결론을 먼저 살펴보면, 앞서 설명한 바와 같이 연안에 치명적인 피해를 일으킬 수 있는 쓰나미의 처오름 높이가 약 3m에 해당한다는 사실이다.

쓰나미가 육지로 내습해 15m 길이의 4층 RC조 건축물에 충돌하는 상황을 가정하자. 이때 건축물의 기초 부위에 작용하는 쓰나미 파압을 정수압으로 환산하면 침수심의 세 배에 해당하는 압력을 갖는다. 1m의 지진해일이 내습할 때의 최대 파압은 29.4kN/m²으로 일반적인 최대 풍하중 10배 이상에 해당하는 힘을 갖는다. 지진해일의 쳐오름 높이가 3m일 경우 풍하중의 20배가 넘는 횡압력, 또는 규모 7.0의 지진력이 작용한 것과 같은 것으로 평가되기도 한다. 지진해일이 내습한 지역에 대재앙이 예상되는 기준으로 3m의 지진해일을 예로 드는 이유가 여기에 있다.

보통 지진해일 침수심이 0~1m일 경우 대부분 침수만 발생하거나 건축물에 경미한 피해가 발생한다. 침수심이 1~2m에 이르면 경미한 피해가 증가하고 전파되는 건축물이 나타나기 시작한다. 또 2~3m에 달하게 되면 전파 건물부터 침수만 있는 건물까지 다양한 형태의 피해 시나리오가 속출한다. 이러한 상황은 침수심 3~4m에 이르게 되면 역전되어 전파 건물이 전체의 반을 차지하게 되며, 4m가 넘게 되면 대부분의 가옥이 전파되었다.

쓰나미 침수심과 인명 피해의 관계에 있어서도 침수심 2~3m까지는 사망률 22%로 많은 주민이 생존했다. 그러나 3~4m를 넘어서게 되면 사망률은 60%로 급격히 높아진다. 이때에는 직접 지진해일에 노출되는 경우도 많지만 건축물이 주민을 보호하지 못하는 경우도 많은 것으로 추산된다. 결과적으로 높이 3m의 쓰나미는 대규모 피해를 유발하게 되는 중요한 트리거이며, 피해 저감의 목표치가 될 수 있음을 알 수 있다.

쓰나미가 더욱 강력해지는 이유

쓰나미가 더욱 강력해질 수 있는 이유로 최근에 또 하나 밝혀진 사실이 있는데 '쓰나미 지진(tsunami earthquake)'이 바로 그것이다. 보통 판 경계에서 급격히 일어나는 단층운동과 달리 쓰나미 지진은 때에 따라서 지진동을 전혀 감지할 수 없을 정도로 천천히 움직이는 지진에 의해 해일이 발생하는 경우를 말한다. 이때 해일 파고는 더욱 높아지고 주기도 길어져 내륙 깊숙이까지 범람하며 피해 규모도 더 크다.

일본 「아사히 신문」에 따르면 2004년 남아시아 지진을 쓰나미 지진이라고 말할 수는 없지만, 파괴면이 워낙 광범위하여 남북으로 1,000km에 걸쳐 해저가 상하로 약 13m나 침강하거나 융기한 지진이라고 한다. 또 파괴가 일어나기 시작해서 종료될 때까지 파괴면 상에서 부분 파괴가 반복되어 약 3분 이상 소요된 것으로 알려졌다. 즉, 해저면이 붕괴되고 그 힘에 의해 대량의 바닷물이 수직 승강했는데, 이러한 과정이 도미노와 같이 시간을 두고 순차석으로 일어나게 된 것이다.

쓰나미는 시간차를 두고 전파되어 육지에 다다르게 된다. 제1파가 육지에 도달하여 속도가 급히 줄어들면 뒤를 따르던 제2파는 제1파의 후단에 강한 압력을 가하며, 제1파의 위로 겹쳐지게 된다. 이렇게 도미노 현상이 반복되면서 작은 규모의 쓰나미와 비교해 더욱 높고 긴 단파가 형성되고, 내륙 수 킬로미터 지점까지 내습하게 된다. 결국 거대한 지진이 서서히 움직여 쓰나미 지진과 같은 효과를 발휘하면 더욱 높고 긴 장주기파를 형성하여 육지에는 광범위한 범람을 일으킬 수 있다.

항만에 내습한 쓰나미

해안 부근의 해저에서 발생한 강진이 쓰나미를 유발할 때 항만시설이 입는 피해는 진동에 의한 피해와 쓰나미에 의한 피해로 구별된다. 현재까지 쓰나미에 의한 항만시설 피해를 보면 지진동에 의한 항만시설 피해는 지진 규모가 비교적 작더라도 연직방향 운동 성분이 강한 직하형 지진에서 많이 나타난다. 또 지진 규모가 큰 판 경계형 지진에 의한 경우도 많다. 그러나 강진이 발생하면 대부분의 경우 진동 때문에 먼저 호안, 방파제, 방조제, 크레인 시설 등 항만 시설에 피해가 오게 된다. 반면 쓰나미에 의한 피해는 선박과 목재, 양식장 등의 표류물에 기인하는 경우가 많다. 그러나 쓰나미의 파력과 흐름에 의해 호안과 방파제가 직접 손상을 입는 사례도 볼 수 있다.

간접 손실을 들자면 먼저 지진동에 의해 파괴된 시설에 격리되어 대피하지 못한 사람들의 인명 피해가 있을 수 있다. 또 각종 시설들의 물리적 손실과 파편 등으로 인한 직접적인 물손에 이를 복구하기 위해 필요한 비용까지 다시 어마어마한 지출이 발생한다. 시설을 사용하지 못함으로 인해 발생하는 항만의 운영 정지 및 하역 정지 역시 항만 규모에 따라서는 대규모 경제적 손실로 이어질 수 있다.

쓰나미로 인한 피해 유형 중 가장 큰 부분은 역시 침수 피해다. 그중에서 시설의 침수로 인한 인명 피해가 가장 심각하고, 지진동에 의한 피해와 마찬가지로 침수로 사용하지 못하게 되는 항만 내 각종 수하물이나 장비, 대합실과 전산센터 등 시설의 물리적 손실이 발생한다. 또 이에 따른 복구비용과 침수된 통신, 전산 등의 기능 마비로 항만 운영이 중지되는 피해 역시 막대하다. 때에 따라서는 3m 이상의 대형 쓰나미가 내습할 경우 시설이 쓸려 나가고 노후 건축물이 붕괴되는 사고도 발생할 수 있다. 여기에 선박과 자동차, 건물 잔해 등이 바닷물에 쓸려 나가면서 다른 시설과 충돌하여 발생하는 피해 역시 막대하다. 이 충격은 바닷물 자체가 주는 충격보다 훨씬 크기 때문에 물리적 손상을 유발할 수 있는 확률이 높다. 특히 이러한 표류물이 하역시설이나 크레인에 충돌할 경우 대형 시설물 고장 또는 기능 장애를 일으키는 원인이 될 수 있으며, 심할 때는 시설 수리가 어려워 전면 교체에 이르게 되는 경우도 있다.

쓰나미가 내습 한 뒤에는 바다 위 각종 쓰레기와 부유물이 항만 내부를 가득 채우는 경우를 볼 수 있다. 육상의 유류 저장소가 파괴될 경우, 유류 오염으로까지 이를 수 있어 항행 선박의 안전도 위협받게 된다. 쓰레기를 처리하는 데에도 수개월 이상의 시간과 비용이 필요하다. 양식장 등의 수산 시설은 쓰나미에 가장 취약하여 불과 1m 남짓의 쓰나미에도 큰 피해를 입을 수 있다. 특히 부유물과 오염물질이 양식장 내부로 들어갈 경우 양식 수산물의 피해는 물론 시설 사용까지 중단시킬 수 있어 더 큰 피해가 우려된다. 또 항 내에 크고 작은 선박이 정박해 있는 경우, 항의 공진 때문에 해수면 진동이 항의 바깥보다 크다. 이러한 진동은 정박된 선박에 치명적인 영향을 끼치게 된다.

항만 업무를 중단시키는 쓰나미

항 내부로 들어온 각종 부유물이 선박의 동체에 충돌하여 발생하는 피해를 제외하더라도 항 내 수위가 높아져 선박의 흘수(배가 물 위에 떠 있을 때, 물에 잠겨 있는 부분의 깊이)가 호안 높이까지 높아지게 되면, 계류 선박의 무어링 장치(선박을 매어두기 위한 앵커나 기타의 설비 또는 장치)에 연결된 로프는 늘어나게 된다. 인장의 정도가 심할 경우 선박은 기울기까지 한다. 연직 방향으로 다중의 로프를 연결하는 경우에도 강한 압력으로 무어링 장치에 파손이 있을 수 있다. 만약 선박이 기울게 된 시점에 다른 파동이 같은 방향으로 밀게 되면 최악의 경우 선박 동체가 육지에 닿아있는 부위를 중심으로 전복되는 사고도 발생할 수 있다. 더 큰 쓰나미가 내습할 경우 선박이 항 내를 떠나 육상으로 떠올라 가옥이나 호안에 충돌하는 사고를 일으킬 수도 있다. 항만이라면 컨테이너를 비롯한 각종 수하물이 적재되어 있는 경우가 많고, 충돌에 의한 피해와 더불어 쓰나미에 휩쓸려 나가 유실될 수 있는 가능성도 높다. 이때 의뢰자의 요구에 따라 유실된 수하물을 탐색하고 대형 컨테이너를 회수하는 작업도 쓰나미 내습 후 고충이 따르는 작업이다.

앞서 설명한 항만에서의 쓰나미 피해는 철저히 시설 중심이다. 하지만 실제 피해 시나리오는 항만의 성격과 업무에 따라 다양하다. 쓰나미는 부유물 뿐 아니라 대량의 해저 토사를 항 내부로 끌어들여 퇴적시킨다. 이로 인해 항 내 수심에 변화가 발생하고 심지어 대형 선박의 운항에 차질을 주는 경우도 있다. 해일이 육지에 상륙하면서 모래와 진흙을 끌고 와 가옥과 시설물에 충돌하면서 여기저기 파괴되고 부서져 파편 조각들과 쓰나미가 다시 뒤섞이기 쉽다. 높은 해일의 경우 선박과 자동차, 심지어는 해안의 유류저장 탱크에 부력을 주어 해일에 떠다닐 수도 있다. 쓰레기와 오물, 파편, 심지어 대형 선박이 내륙 안쪽까지 떠올라 새로운 시설과 구조물에 다시 충돌하면서 파괴의 피해 과정을 반복한다.

해일이 빠져나갈 때에는 육지로 떠오른 여러 부유물들이 빠른 속도로 바다를 향해 빠져나간다. 처오를 때와 반대 방향으로 경사를 따라 내려가기 때문에 유속은 더욱 빠르다. 강한 쓰나미가 내습하면서 주는 충격과 부유물의 충돌, 그에 따른 재산 파괴와 유실, 항만의 환경 변화는 쓰나미가 주는 직접적인 손실 시나리오이다.

해안 인근의 쓰나미

쓰나미는 해안 지형에 의해서도 많은 영향을 받는다. 육지에 가까이 도착하거나 상륙한 쓰나미의 전파속도는 마찰력 때문에 대양에서보다 늦다. 그러나 해안 지형이 어떠한가에 따라 파동의 확산, 처오름 높이와 도달 거리가 달라진다. 또 밀려들어온 쓰나미가 배수될 때에도 지형조건에 따라 속도가 빠른 곳이 있다.

평탄하고 넓은 지대에 내습한 쓰나미는 비교적 범람이 쉬워 사방으로 확산되기 때문에 침수심은 그만큼 작다. 하지만 똑같은 평야라도 폭이 좁은 곡저 평야형 저지대에서의 쓰나미는 좁고 긴 계곡에 침입하고 한정된 지역에 집중되기 때문에 침수심이 높아질 수 있다. 좁고 긴 곡저 평야는 소규모 내만이 형성된 곳에서 많이 볼 수 있고, 이러한 지대에 침입한 쓰나미는 내륙 깊이 내습한 만에 연결되어 피해를 유발하기 쉬운 조건을 갖는다.

해안 사주(모래섬)와 퇴적지는 쓰나미 처오름에 의해 범람되어도 비교적 배수가 빨리 이루어진다. 그러나 모래 사주가 발달한 해안 배후의 습지는 쓰나미가 사주를 넘어 침수를 일으키기 쉬운데 바닷물이 바로 빠지지 않기 때문에 장시간 동안 범람될 우려가 있다. 반면 습지만큼 긴 시간동안은 아니지만 평야가 침수된 경우에도 지대가 평탄하기 때문에 넓게 침수되기 쉽다.

범람이 이루어진 평야 내부에서도 지반이 높아 자연제방 역할을 할 때에는 배수가 비교적 빨리 이루어지지만 하천에 이러한 지대가 형성되는 경우에는 장기간 침수를 일으킬 수 있다.

선상지에서는 평야에 비해 경사가 크고 사질토양이 대부분이므로 배수는 빠르게 이루어진다.

쓰나미가 지형의 영향을 받는 데 있어 가장 특이한 경우는 섬 주위에서 나타난다. 섬 주위에서는 굴절효과가 크게 나타나 연안 전체에 높은 파고를 나타내는 곳이 많다. 또 섬 주위를 돌아 굴절된 파동이 만나는 섬의 반대쪽에는 높은 파고를 일으키게 된다. 이는 쓰나미의 파장과 주기, 섬의 크기와 형태에 따라 다르지만 이렇게 지형 변화에 따라 변형되는 쓰나미의 거동은 장기간 진동을 유발하고, 그에 따른 토사의 침식과 퇴적 역시 문제가 된다.

쓰나미가 내습하는 경로 상에 심각한 문제를 일으키는 것 중 하나가 바로 해안 침식이다. 내습하는 경로 상의 해저면은 쓰나미에 의해 깎이고 바닷물과 뒤섞여 육지로 상륙하게 된다. 결과적으로 해안은 깊게 침식되는 반면 육상 어딘가에 대량의 토사가 쌓이게 되어 큰 변형을 초래한다. 문제는 여기에 그치지 않는다. 많은 토사가 쓰나미에 실려 사람이나 가옥과 충돌하게 되면 물보다 비중이 높은 모래 입자는 충격이 강해 피해를 가중시킬 수 있다.

2011년의 일본 동북지방 쓰나미가 가마이시 해안에 내습하는 장면을 보면 검고 점도가 높은 바닷물이 넘쳐 흘러들어 오는 것을 볼 수 있다. 이 점도 높은 바닷물은 태평양 연안의 갯벌 흙을 쓰나미가 깎아 올려 바닷물과 섞은 것이다. 이렇게 비중 높은 바닷물이 해안 시설물을 덮칠 경우 충격은 더욱 커지

고, 해일이 지나간 뒤에도 대량의 오물과 뒤섞이면서 오염 피해
가 가중될 수 있다.

해안의 형태에 따른 쓰나미 피해

우리나라에 존재하는 몇 가지 대표적인 해안 지형에 쓰나미
가 내습할 경우 어떤 양상이 나타날 것인지를 과거 해외에서
발생했던 사례를 바탕으로 설명해보자. 먼저 돌추사주형 해안
이다. 바다 쪽으로 튀어나온 형상인 돌출사주 양쪽에는 바다
가 펼쳐져 있다. 비교적 작은 규모의 사주이기 때문에 그 위에
위치하는 주택은 피해를 입기 쉽다. 돌출사주 양쪽은 평활한
해안선을 갖는 경우가 많아, 리아스식 만(해안선의 굴곡이 심하고
나팔 또는 나뭇가지 모양의 만을 이루는 해안)과 비교하면 지진해일의
세력 집중이 어려운 지형이라 할 수 있다.

쓰나미 진행 방향에 입구가 위치하는 경우에는 특히 만내의
부진동 영향으로 상당히 높은 파고의 쓰나미가 발달하기 쉽다.
높이 발달한 쓰나미가 사주 양쪽에서 내습하기 때문에 거대한
피해가 발생하는 것이다. 같은 돌출사주라도 표고가 높고 큰
사주일 경우에는 반드시 피해가 동반되지는 않는다. 이런 지형
에 있어서는 사주 규모가 크고, 도시 또는 큰 규모의 마을이
발달해 있는 것만으로도 피해를 가중시킬 수 있는 요인이 된
다.

대규모 하천의 하구와 같은 경우에는 쓰나미가 물길을 따라
침입하기 쉽다. 쓰나미 에너지가 감소하지 않은 채 육지로 침입

하기 가장 쉬운 완충지대이기 때문에 쓰나미 에너지가 집중되고 현저한 침식이 일어나게 된다. 따라서 쓰나미 내습 후 해저 지형은 내습 전 상태와 비교하여 크게 달라진다.

하구가 위치한 평활한 해안선의 경우는 높은 사구와 그 배후의 저습지 또는 해안변 수로가 발달한다. 이 경우 하천의 출구는 해안 모래 둔덕에 의해 구부러진 곡류를 이루는 경우가 많다. 이러한 평활 해안선의 경우 해안 모래 둔덕을 넘어 바닷물이 침입하는 일은 드물지만, 곡류가 있는 곳으로 물이 침입하여 배후 습지에 침수되기 쉽다. 만약 하구가 없는 평활한 해안에 시설물이 설치되어 있다면 직접적으로 쓰나미 에너지의 영향을 받기 쉽다. 수심이 얕은 만 입구로 쓰나미가 내습할 경우 파고가 그다지 높지는 않지만 유속이 극히 빠르기 때문에 위험하다.

쓰나미 재해의 기록

쓰나미 사례분석

1983년 동해 중부지진 쓰나미

1983년 5월 26일 정오, 일본 아키타현 서쪽 해저에서 발생한 규모 7.7의 지진은 거대한 쓰나미를 일으켰다. 쓰나미는 아키타 해안과 북해 도로에서부터 러시아와 북한, 그리고 우리나라에 이르는 동해 연안 전반에 도달했다. 검조(밀물과 썰물에 의한 해수면의 오르내림을 측정하는 일.) 기록에 나타난 쓰나미 파동의 주기는 10분 정도로 비교적 짧았던 것으로 기록됐다.

진앙 지역의 판 운동은 다소 복잡하다. 유라시아 판과 태평양 판 사이에서 북미판이 남쪽으로 이동하고 있고, 남쪽에서 필리핀 판이 북상하여 총 네 개의 판이 움직이는 해역에서 발생한 지진으로 '동해 중부 지진'이라고 이야기한다.

쓰나미의 최대 처오름 높이는 미네하마 촌 해변에서 14m 이상을 기록하였다. 만 내부에서 높은 쓰나미가 기록된 경우는 과거에 많이 볼 수 있었다. 하지만 미네하마 촌의 최고 기록은 해변의 평탄한 모래사장에서 관측된 것이 특이하다. 해안에 밀려들어오는 쓰나미가 분산을 일으켜 파상단파의 형상을 일으키는 모습이 카메라에 촬영되었고, 처오르기 전 모두 쇄파하는 현상들이 사진으로 기록되어 있다. 이러한 쓰나미의 사진 기록들은 흔히 관찰하지 못하는 것으로 당시에는 소중한 학술자료로 활용되었다.

동해를 건너 러시아에서 관측된 기록은 수가 많지 않지만, 프리모르스코 호수 근처에서 1.5m의 침수가 일어난 것으로 알려졌다. 카멘카에서는 9m에 달하였으며, 다리니고르스크의 리도프카에서는 800m 내륙까지 쓰나미가 진입했다고 한다.

한국에서는 1983년 울릉도 서북 해안 현포동에 3~5m에 달하는 지진 쓰나미가 도달했다고 알려지고 있다. 울릉도 서북 해안에 위치한 현포 출입항 신고소에는 5m에 이르는 우리나라 최고의 쓰나미가 보고되었다. 이때 파동의 주기는 2분 전후로 짧았다. 1983년 5월 27일 자 경향신문에 의하면 항구에 쌓아두었던 시멘트와 동력기가 유실되었고 약 2,200만 원의 피해가 발생했지만 인적피해, 건조물, 어선 및 어구의 피해는 없었다고 한다. 꽤 높은 쓰나미였음에도 불구하고 이 정도 피해에 그친 것은 평상시 바람에 의한 높은 파도가 자주 발생하는 지역이기 때문에 비교적 충분한 대책이 효과를 보인 것으로 파악된다.

또 직선거리로 약 10km 정도 밖에 떨어지지 않은 동남쪽 해안의 도동항에는 1.5m의 쓰나미가 내습했다. 연락선 발착 안벽에 해수가 넘쳤지만 피해는 없었다. 이어 동해안 경북 울진에서 강원도 동해시에 이르는 남북 약 70km의 구간에서도 2m 이상의 쓰나미로 크고 작은 피해가 있었다. 이 구간의 중앙에 위치한 임원항에 파고 3.6~4m에 이르는 쓰나미가 도달하여 최대 피해지로 기록되고 있는데, 임원항에 위치한 울릉도행 쾌속선 터미널 벽면에 명확한 침수 흔적이 남아 침수 높이가 확인되었다. 바닷물이 빠져 나갔을 때에는 수심 5m 정도의 항 바닥이 드러났다는 이야기도 전해진다. 이때 고깃배에 대피해 있던 두 시민이 파도에 휩쓸려 행방불명되었고, 그 외 두 명의 부상자가 더 발생하였다.

한편 육지에 있던 높이 7m, 8톤 용적의 13만 리터 경유 탱크가 원형 콘크리트 기초로부터 완전히 이탈, 쓰나미에 띠밀려 약 10m 정도 이동하기도 했다. 이 사고로 탱크 내에 저장되어 있던 경유 48,600리터가 흘러나가 약 1억 원의 피해가 발생하였다.

항에 인접한 임원 1리 시가지에서는 가옥 22채가 부분 파괴되었고, 7가구가 침수되었다. 임원항에 있던 횟집에서는 입구 천장까지 바닷물이 올라와 침수되었다고 한다. 이날 영업을 위해 준비해 두었던 장어 등의 식재료가 모두 바닷물에 유실되었다고 전해진다.

쓰나미가 내습했을 때 큰 소리와 함께 섬광이 느껴졌다는 증언도 있다. 주민들은 이 쓰나미가 일본에서 바다를 건너 왔다는 사실은 전혀 모르고, 임원 부근 백암 온천에서 발생한 지진에 의한 소리라고 느꼈던 것 같다. 쓰나미가 내습하기 전에 나타나는 징후로 '해소(海嘯)'라는 음향이 감지되는 경우가 있다. 이는 강한 파동이 바다로 전파되어 오면서 해저면과의 마찰에 의해 발생하는 소리를 의미한다.

결과적으로 임원항에서는 17척의 선박이 유실되고 침몰 12척, 파손 15척의 피해가 발생하여 합계 51척의 선박이 피해를 입었다. 또 어구 어망, 공공시설 등의 피해까지 포함해 이 지역에서만 2억 4,311만 원의 재산피해가 있었다.

1983년 5월 27일 자 중앙일보에 따르면 쓰나미는 14시 25분에 거칠어지기 시작했다고 한다. 어부 두 명이 행방불명된 시각이 14시 45분경이었으니, 15시 30분 쓰나미 주의보가 발령되기 이전에 이런 참사가 발생한 것이다. 이 시각은 지역 어린이들의 하교 시간으로 마을 주민 한 사람이 자신의 가옥으로 바닷물이 들어오는 것을 목격하고 전화로 인근 초등학교, 중학교에 이 사실을 알렸고, 학생들이 언덕 위 높은 곳으로 피난했기 때문에 더 큰 사고를 막을 수 있었다고 한다. 이 주민은 "수화기를 내려놓기 무섭게 집안으로 밀려들어온 쓰나미 때문에 집안 구석으로 밀려나 버렸다. 바닷물이 가슴까지 차버렸다."는 증언도 남겼다.

　행방불명된 두 명의 사체를 수색하기 위해 임원항 해저로 잠수해 들어간 다이버는 쓰나미 때문에 항 바닥이 침식되어 지형이 이전과 완전히 바뀌었다고 증언했다. 그밖에 임원의 북측 30km에 위치한 묵호항 검조소에서는 13시 45분에 처음 쓰나미가 내습하여 최고 3.9m의 쓰나미가 묵호항 북측 해안 도로 1km를 침수시켰다고 밝혔다. 묵호항의 남쪽 천곡동 해안에서는 선박을 정비 중이던 74세 노인이 쓰나미에 휩쓸려 사망하였다. 이 지역에서는 전파 1척, 유실 3척을 포함하여 6척의 어선 피해가 발생하였고, 약 1천만 원의 재산 피해가 기록되고 있다.

대화퇴의 렌즈효과

　높은 쓰나미로 임원항을 비롯한 동해 중부지역에 피해가 있었다. 동해 전 연안에 쓰나미가 내습했을 때 러시아와 북한 해안에 1.5m 남짓의 해일이 도달한 반면, 동해 중심부에서 4m가 넘는 높은 쓰나미가 내습한 것이다. 이는 동해의 독특한 쓰나미 전파 특성에 의한 것으로 분석되고 있다.

　수심의 크기에 따라 변화하는 쓰나미의 전파 속도는 해저 지형의 형상에 따라 달라진다. 동해 해저 지형의 깊이는 평균 수심 3,500m 이상으로 서해나 남해보다 깊어 강진이 발생했을 때 큰 쓰나미를 일으킬 수 있는 요인이 된다. 그런데 동해 중심부에는 '대화퇴'라 불리우는 천퇴가 위치하고 있다. 이 천퇴가 위치한 중앙부에서의 수심은 약 500m로 급격히 낮아진다.

　일본 서쪽 해안 진앙지에서 발생한 쓰나미는 동해를 향해 사방으로 방사되어 퍼져 나간다. 쓰나미가 동해 중심부에 다다르면 대화퇴를 만나고 급격히 수심이 낮아진 지역에서 쓰나미의 전파 속도는 정체되어 저속으로 이동하게 된다. 그러나 대화퇴를 중심으로 쓰나미의 진행방향 양측은 빠른 속도로 전파되어 결국 대화퇴를 중심점으로 새가 날개를 접는 모양의 전파 양상이 연출된다. 쓰나미는 대화퇴를 가운데 두고 양측이 접히게 되어 진행방향과 대화퇴를 연결한 반대쪽으로 모이게 된다. 해저 지형의 변화에 따라 파동의 진행방향이 달라지는 이러한 현상을 '쓰나미의 굴절'이라 설명한 바 있다.

　결국 동해 중심부에서 쓰나미의 굴절은 이 해역의 대표적인 전파 특성이다. 이러한 특성을 모의적으로 설명하면 진앙 위치와 동해 중앙의 대화퇴 중심을 연결하는 연장선상으로 쓰나미 에너지가 모이게 된다. 그리고 그 연장선 방향에 위치한 해안에 높은 파고가 나타나게 된다. 동해 중부 지진의 진앙이 위치한 일본 아키타현 앞바다와 대화퇴를 연결하는 연장선상에 동해안의 중심부가 위치하고 있다. 바로 그 지역에 임원과 묵호가 위치하고 있다는 사실은 1983년 높은 쓰나미가 도달한 이유를 설명할 수 있는 근거이다. 대화퇴에서 이루어지는 굴절현상을 들어 '렌즈효과'라 하는데, 진앙을 출발한 쓰나미가 대화퇴라는 돋보기를 지나면서 특정 지역에 높은 해일을 유발하게 되는 현상을 가리킨다. 동해의 경우 이 현상은 지진 규모와 더해져 쓰나미의 최고 높이를 결정짓는 중요한 요인이 된다.

또 동해안 전역의 해저 지형이 해안 절벽의 형태로 되어 있어 해안에서 불과 1km만 진출하게 되면 수심이 1,000m에 이르게 된다. 그러나 임원 등 동해안 중심부에는 비교적 완만한 경사를 가진 해저 사면이 발달하여 대화퇴를 지나 온 쓰나미가 천수효과를 유발하기 충분하다. 이는 또한 파고의 증폭을 일으켜 쓰나미는 더욱 성장하게 된다.

동해에서의 쓰나미 전파 특성

동해에서의 쓰나미는 높은 해일을 동반한다는 점과 더불어 몇 가지 전파 특성을 더 가지고 있다. 해저 지진으로 파괴된 단층면을 직사각형으로 가정할 때 단축 연장선 방향으로 강한 에너지가 방출되어 그 연장선상에 위치한 해안에 큰 해일이 도달하게 된다. 직사각형 단층의 장축과 북측이 이루는 각을 단층의 주향각(strike angle)이라 하고, 이는 육지를 따라 활단층이 분포하는 방향에 가깝다. 결국 이 방향은 해안선의 방향과 유사하다. 주향각이 90도나 270도에 가까우면 쓰나미 에너지는 남북 방향으로 강하게 분출되며, 0도나 180도에 가까울 때는 동서 방향으로 에너지가 분출된다.

파괴된 진앙이 해안에서 얼마나 멀리 떨어져 있는가에 의해서도 쓰나미의 에너지 분출 특성이 달라진다.

해안 가까이에 진앙을 두고 발생한 쓰나미는 많은 에너지를 해안에 집중시킨다. 반면 해안에서 멀리 떨어져 발생할수록 바다 쪽으로 많은 에너지를 방출시킨다. 쓰나미 에너지가 해안으로 집중되는 현상을 일컬어 '쓰나미 에너지의 포착(捕捉)'이라 표현한다.

우주에서 바라보는 동해는 대한해협과 쓰가루 해협, 소야 해협 등 외해로 통하는 좁은 해협을 제외하고 육지에 둘러싸인 형태를 띤다. 쓰나미가 발생할 경우, 해안에서의 마찰에 의해 쓰나미 에너지가 감쇄되지 않는 한 지속적으로 요동칠 수밖에 없는 구조인 것이다. 이러한 요동들이 앞서 설명한 쓰나미 전파와 관련된 변수들에 의해 지배되는 것이 바로 동해에서의 쓰나미 현상이다. 지구에서 가장 복잡하지만 독특한 변화를 일으키는 지역으로, 동해가 전 세계 많은 학자들의 연구대상이 되는 이유가 여기에 있다.

1993년 북해도 남서외해 쓰나미

1993년 7월 12일 밤 10시 17분, 일본 북해도 남서쪽 해저에서 발생한 지진에 의한 쓰나미는 동해를 다시 요동치게 했다. 진앙 바로 동측에 위치한 오쿠시리섬(奧尻島) 모나이(藻內)에 31m의 쓰나미가 쳐 올라 당시까지 지구상에서 발생한 최고 높이의 쓰나미로 기록되었다. 쓰나미가 야간에 내습했기 때문에 1983년의 동해 중부지진 쓰나미의 경우처럼 내습 장면을 기록한 영상은 드물지만 목격자의 증언 등을 통해 당시 상황들이 일부 전해진다.

진앙은 섬 서북 방향 약 70km 정도에 위치한다. 쓰나미는 섬의 서측으로부터 내습하였다. 남북 방향으로 긴 모양을 가진 섬의 최남단에는 아오나에(青苗)지구가 위치하고 있다. 아오나에는 뾰족하고 길게 뻗어 나와 곶의 형상을 이루고 있는 해안 저지대이다. 서측에서 내습한 쓰나미는 곶을 가로질러 지역 일대를 침수시켰으며, 이 지역은 다시 동쪽에서 접근하는 쓰나미에 의해 같은 정도의 피해를 입었다. 진앙지에서 전파해 온 10m 높이의 쓰나미가 섬 남단 아오나에에 먼저 내습하는 동안 굴절로 인해 섬 남쪽을 멀리 돌아 전파되어 온 쓰나미가 다시 아오나에에 내습했다.

당시의 피해 사진은 이러한 모습을 잘 설명하고 있는데 소방차 위에 얹혀 있는 어선이 아오나에 지구에서 촬영된 바 있다. 지진에 의한 진동과 처음 내습한 쓰나미로 인해 화재가 발생하자 지역 소방차가 출동해 소화 작업을 진행하던 중 재차 내습한 쓰나미를 타고 선박이 소방차 위로 얹힌 것이다. 이 사진은 섬 주위에서 대규모 쓰나미가 굴절을 일으켜 두 번의 쓰나미 공격을 받은 피해 과정을 대변하는 기록으로 남아 있다.

섬 주위에서의 쓰나미 굴절은 동해 중심의 대화퇴에서와 같이 진행 방향과 섬을 연결하는 반대쪽에 높은 에너지를 집중시켰다. 섬의 진앙 반대쪽에 위치한 하쯔마쯔마에(初松前)에서의 20m 쓰나미가 이를 설명한다. 결국 오쿠시리섬 전역에는 평균 10m 이상의 해일이 내습해 해안을 파괴시켰다. 오쿠시리섬을 강타한 쓰나미는 섬 주위를 전파해 가는 쓰나미의 특성으로 관심을 모아 특이한 재해 발생 메카니즘으로 해석하기 시작한 계기가 되었고, 실제 한동안 전 세계 쓰나미 학자들의 연구 주제가 된 바 있다. 또 섬에 접근하는 장주기성 파동이 고깔 모양의 지형에 의해 굴절을 일으켜 섬 반대쪽에 더 높은 해일을 일으키는 원리가 이론과 대규모 실험을 통해 재현되기도 하였다. 쓰나미 내습에 있어 해안에 분포되어 있는 많은 섬들은 에너지를 모으는 집적소가 된다. 1983년 울릉도에 내습한 쓰나미처럼 섬 지역에서의 쓰나미 방재대책은 이를 연구하는 학자들에게 여전히 과제로 남아 있다.

오쿠시리섬 뿐 아니라 북해도 남단에서도 평균 5m가 넘는 쓰나미가 내습한 것으로 관측되었다. 북한의 경우 청진항에서 2.1m가 관측되고, 가까운 러시아 해안에서도 5~6m가 넘는 해일이 내습한 것으로 보고되었다.

동해를 건너온 쓰나미는 우리나라 동해안에 1.5m 남짓 쳐오른 것으로 보고되었다. 또 정동진에서 1.8m, 동해항에서 2m 등 높은 곳에서는 2m에 이르는 해일이 도달하였다. 당시 국내 쓰나미 조사단이 동해안 일대의 쓰나미 흔적을 조사하였다. 조사 결과에 따르면 쓰나미가 동해안에 도달한 시각은 지진 발생 후 약 1시간 50분~2시간 뒤였다. 기상청은 동해안 전역과 부산 지역에까지 해일경보를 내리는 한편 선박 피난 및 해수욕객의 피신 등 피해 예방을 위한 대책을 지시했다. 또 중앙새해내책본부는 국방부를 비롯한 해운항만청, 수산청, 경찰청, 부산시, 강원도, 경상남북도 등 유관부서와 함께 재해예방 및 대비 활동을 벌이고 비상근무 체계에 들어갔다.

속초 기상청에서는 7월 12일 22시 05분 해일경보를 발령하였다. 강원도 경찰청 상황실에서 상황을 접수한 속초 및 강릉 경찰서는 이하 관계기관에 상황을 전달하여 주민들에게 알려졌다. 주민들은 경찰과 함께 피해예방 작업 등을 수행했다. 그리고 동해안의 해수욕장 관리본부 등은 경고방송을 통해 피서객을 대피시켰다. 해상에서 야간작업 중이던 일부 어선들은 무선을 통해 상황을 전해 들었고, 급히 피항 중 항 입구에서의 와류로 침몰 또는 파손되는 사고가 발생하기도 하였다.

지진의 규모는 7.8로 동해 중부 지진과 비교하여 더 컸으며 단층 파괴면 역시 넓게 분포했다. 그러나 진앙 인근지역과 비교해 동해안에 도달한 해일의 높이는 작았다. 동해 대화퇴에서의 렌즈효과가 해일 에너지의 방향을 동해 남쪽 대한해협과 일본 혼슈 쪽으로 향하게 했기 때문인 것으로 해석된다. 이는 영향권에서 벗어난 동해안에 낮은 해일이 도달한 까닭으로 설명되고 있다.

2004 남아시아 쓰나미

2004년 12월 26일 인도네시아 수마트라 섬 앞바다를 진앙으로 규모 9.0의 지진과 함께 쓰나미가 발생하였다. 이는 인도, 호주 플레이트가 유라시아 플레이트의 하부로 침강하는 가운데 발생한 해구형 지진이다. 쓰나미는 인도네시아, 인도, 스리랑카, 타이, 미얀마, 말레이시아, 방글라데시, 몰디브, 케냐, 탄자니아, 소말리아, 마다가스카르, 남아프리카공화국에 크고 작은 피해를 일으켰다.

수마트라 섬에서는 거대 지진에 의한 직접적인 피해에 더해 인도양 연안의 넓은 지역에서 35만 명이 넘는 사망자와 행방불명자, 그리고 500만 명의 피해자가 발생하였다. 유엔(UN)의 발표에 따르면 총 피해액은 9억 7,700만 달러에 달하는 것으로 알려졌다.

이때 인도양 연안에 평균 높이 10m에 달하는 쓰나미가 여러 차례 내습하였는데, 시속 700km의 빠른 속도로 진앙의 서측 해안에 쓰나미가 도달하였다. 한편 동측 해안에는 얕은 해역을 따라 비교적 늦은 속도로 쓰나미가 내습하였다. 특히 태국 푸켓에 쓰나미가 도달한 시각은 지진 발생으로부터 약 두 시간 반이 지난 뒤였다. 이는 쓰나미가 통과한 안다만에 수심이 얕고 넓은 대륙붕이 발달해 있어 쓰나미의 속도가 늦춰졌기 때문이다.

천수효과로 인해 지역에 따라서는 30m가 넘는 쓰나미가 내습한 곳도 있었다. 인도네시아 수마트라 섬 북단에 위치한 아체(Aceh) 특별주에는 쓰나미가 내륙 4~5km까지 도달하였다. 중간 내륙 약 2km 지점에서의 쓰나미 속도는 초속 7.7m에 달하였다. $1m^2$당 4톤의 압력이 작용해 일순간 가옥을 덮치고 유실을 일으키는 위력을 발휘하였다고 전해진다. 또 쓰나미는 아프리카 대륙 동해안의 소말리아, 케냐, 탄자니아에도 도달하였다. 이로 인해 소말리아에서는 100명 이상의 사망자가 발생하기도 했다.

지진의 직접적인 피해를 입은 인도네시아 아체(Aceh) 특별주를 제외하고 피해 원인의 대부분은 쓰나미에 의한 것이었다. 피해지의 대다수가 과거에 지진과 쓰나미를 경험하지 못한 지역으로, 적시에 경보가 없었으며 이는 인적피해를 확대시킨 주요 원인으로 지적되고 있다. 재해 발생 직후 유엔과 유네스코, 적십자, 세계식량계획(WFP)을 시작으로 각국에서 구호·원조 지원을 수행하였으며, 자원봉사 등에 의한 긴급 구원 활동도 시작되었다. 위생환경의 악화에 따라 전염병에 의한 2차 재해가 우려되어 현지에서의 신속한 매장, 화장 처리, 자원봉사자와 각국에서 파견된 구원대에 의한 방역 의료 활동이 이어졌고, 다행히 2차 재해는 크게 확대되지 않았다.

2011 동일본 대지진 쓰나미

　　2011년 3월 11일 일본 동북부 해안을 덮친 쓰나미는 미야기현 태평양 해안 140km에 진앙을 둔 규모 9.0의 지진으로 인해 발생한 거대 재앙이었다. 일본은 세계에서 지진에 대비한 구조적 조건이 가장 안정적이라는 평가를 받았지만 당시 지진 피해는 만만치 않았다. 일본 소방청에 따르면 2012년 3월 13일 기준으로 사망자는 16,278명, 행방불명 2,994명, 부상자 6,179명으로 엄청난 인명 피해가 발생했다. 또 완전 파괴된 건물 수가 129,198동에 이르고 약 100만 동이 넘는 건물에 피해가 발생했다. 후쿠시마 원전의 방사능 문제가 사회에 큰 충격을 준 가운데 에너지 수요와 그에 따른 리스크로 인해 당시의 재해는 국제사회의 중요한 이슈로 발전했다. 원자력에 의존하고 있는 많은 국가들은 에너지 문제 해결에 있어 국제사회의 기술 수요와 전략을 요구하게 되었고, 원자력 리스크라는 인류의 가장 엄격한 리스크 관리에 대한 새로운 기준을 부담하게 되었다.

일본 교토통신에 따르면 당시 쓰나미의 최대 쳐오름 높이는 37.9m로 철근콘크리트 건물을 직격할 경우 건물의 기초조차 남지 못할 만큼 큰 에너지를 가진 해일이었다. 진앙을 떠나 해안에 내습하기까지 채 20분이 걸리지 않은 상황에서 아무리 신속한 경보가 있다 하더라도 주민들의 대피는 지체될 수밖에 없었다. 또 그동안 지진 관측망과 해석 시스템, 쓰나미 예보 시스템에 막대한 연구와 예산을 쏟아온 일본이었지만 지진과 거의 동시에, 혹은 겨우 10~20분 사이에 해일이 해안을 덮쳤기 때문에 그 모든 노력이 아까울 만큼 당시 지진 재해는 엄청난 결과를 남기고 말았다.

해안을 둘러 친 높은 콘크리트 장벽을 넘어 해일이 육지로 떠밀려 들어오고, 심지어는 제방을 허물어뜨릴 정도의 강력한 힘 때문에 해안 마을은 온통 폐허가 되어 버렸다. 스위스리(스위스재보험회사: Swiss Re)가 2012년 발표한 동일본 대지진과 쓰나미의 경제손실은 2,100억불, 지불 보험금은 350억불로 역사상 가장 큰 손실을 일으킨 지진재해로 기록되고 있다. 이로서 일본은 1995년 한신 대지진을 뛰어넘는 최대 규모의 자연재해 타격을 입었으며, 이는 마이너스 경제까지 발생시킨 최악의 역사로 기록되었다.

쓰나미와 사회

재해를 키우는 사회 문제

대규모 쓰나미와 같은 자연재해를 예방 또는 준비하는 데 있어 가장 효과적인 방법은 방재시설을 설치하는 것이다. 해마다 발생하는 태풍재해에 대비하기 위해 강풍에 견딜 수 있는 시설들을 설계하고 시공함으로써 태풍재해를 차단할 수 있다. 제방이나 호안을 건설하고 방파제를 만들며 비상 시 안전하게 대피할 수 있는 보호구역(shelter)을 설치하는 일은 재해를 줄이는 데 크게 기여한다. 그러나 해안에 시설을 건설하기 위해서는 이미 발달한 도시일수록 막대한 예산을 투입해야 하는 부담을 갖게 된다. 대부분의 국가가 해마다 내습하는 태풍이나 호우에 대비한 방재시설의 필요성을 절감하고 있으며, 안전 기반시설에 대한 욕구 역시 높다. 하지만 사회 경제력이 낮은 생계형 국가나 도시에서는 그 필요성을 공유하거나 합의하기 쉽지 않은 것이 현실이다.

쓰나미의 경우를 생각하면 더욱 어려운 문제에 부딪힌다. 가장 큰 이유로 낮은 발생 확률을 들 수 있다. 실제 활단층대 인근에 주거하고 있더라도 평생 한두 번 있을 쓰나미에 대비한 방재시설을 정비하는 데 사회가 갖는 관심은 극히 낮을 수밖에 없다. 생산을 사회 가치로 여기는 자본주의 사회에서는 재해의 영향이 얼마나 큰지 잘 알면서도 발생 확률을 생각하면 적극적으로 투자 또는 대처하기가 쉽지 않기 때문이다. 또 경제력이 낮아 하루하루 의식주 생활을 힘겹게 유지하고 있는 사회에서 주민의 합의를 얻어내기 또한 쉽지 않다. 어업에 종사하며 생계를 유지하는 주민들의 거주지, 혹은 영세 상업시설이 즐비한 휴양지 해안에 거대 인공구조물을 조성한다고 생각해 보자. 그리 달가워할 주민은 없을 것이다. 실제로 남아시아 쓰나미가 내습해 피해를 입은 대부분의 해안에는 적절한 방재구조물이 설치되지 않았으며, 재해를 겪은 후에야 이러한 사실이 안타까운 역사로 기록되고 있을 뿐이다.

피해 지역의 건축물 대부분은 지진에 견딜 수 있는 구조를 갖추지 못하고 있다. 이처럼 영세한 도시에 사는 주민들의 생계는 대부분 어업을 중심으로 하는 1차 산업에 그친다. 바다 쪽으로 좀 더 가까이 나아가 거주하는 것이 생산성 면에서도 좋고 생활에도 편리하기 때문에 해안은 소규모 부락으로 밀집되어 있으며, 풍부한 바다 자원을 이용해 생계를 유지하는 것이 이곳 주민들의 주된 생활방식이다. 쓰나미의 위험이 있어 이주를 권장했더라도 기꺼이 이주하려는 주민은 없었을 것이다. 새로운 도시 계획과 제도 정비를 통해 해안으로부터 안전하게 이탈된 지역을 마련할 수는 있지만, 해안 환경을 선호하는 주민들을 계몽, 유도하여 이주하게 만드는 일은 선진국에서도 비교적 실현이 어렵다.

쓰나미를 올바르게 이해하고 그 리스크에 대한 정보를 습득하는 일도 피해를 줄이는 데 큰 몫을 한다. 하지만 해일 내습을 목격하고 높은 건물 위 옥상으로 뛰어 올라간 주민들이 쓰나미를 견디지 못하고 무너져 내린 건물로 인해 피해를 입는 사례도 종종 발생한다. 이러한 경우 리스크에 대한 정보가 있다 하더라도 피난 장소가 그 역할을 다하지 못해 피해를 입는 상황이 되고 만다.

제대로 된 지식을 바탕으로 활단층대 인근에 거주하는 심각한 리스크 환경을 고려한다면 적어도 해안 부락마다 지진해일로부터 피난할 수 있는 2~3층 이상의 철근콘크리트 건물이 필요하고, 해일 내습 시 대피 요령을 숙지하는 최소한의 안전 환경이 구축되어야 한다. 그러나 낙후된 경제 환경에서는 사회 안전체계를 돌아볼 여유가 없다는 것이 가장 큰 문제이다. 결국 재해를 키우는 사회문제 중 하나로 경제력이 한 몫하고 있는 셈이다.

생명을 지키는 경보와 방재지식

지진과 거의 동시에 연안에 내습한 해일이라는 점에서 인도네시아 수마트라 섬에서의 쓰나미는 해안 인근에서 발생하는 일본의 쓰나미와 흡사하다. 또 스리랑카에 내습한 지진해일의 경우 먼 지역에서 지진이 발생하여 2~3시간 뒤 연안에 도달한 해일이라는 점에서 1983년 우리나라 동해안에 내습했던 쓰나미와 유사하다.

남아시아 쓰나미는 지구상에서 발생할 수 있는 최대 크기인 규모 9.0으로 관측되었다. 또 그 영향 범위는 인도네시아 뿐 아니라 10개 국가 이상에 이르렀다. 타이와 스리랑카 관광지를 중심으로 수 천 명의 외국 관광객이 방문했다는 기록도 있다. 인도양을 둘러싼 해안 지역에서 수십 만 명의 인명 피해를 예방할 수 있는 방안은 역시 쓰나미 경보다. 태풍으로 해일이 내습할 때는 적도 부근에서 태풍이 발생하여 연안에 다다르는 긴 시간 동안 그 모습을 지켜볼 수 있으며, 연안에 다다를 때에는 호우와 강풍이 동반되어 미리 위험을 감지할 수 있고 TV뉴스를 통해서도 충분한 경각심을 느낄 수 있다. 그러나 지진과 거의 동시에, 또는 겨우 두 세 시간 내에 내습한다 하더라도 미리 자연 징후를 느끼지 못하는 경우에는 인공적인 방법을 통해 정보를 얻고 대피할 수밖에 없다. 만약 경보 전달을 이용한 사전 계획이 있었다면 인명 피해도 대폭 줄일 수 있었을 것이다.

정보가 없다 하더라도 해안의 모든 주민과 재산이 안전한 구조물에 의해 보호되고 있다면 문제가 없다. 그러나 선진국이냐 아니냐의 여부를 떠나 세계 어느 지역을 가더라도 쓰나미로부터 완벽하게 안전한 구조적 환경을 가진 해안은 드물다. 오히려 부와 문화가 발달한 선진국일수록 자연 해안을 레저와 관광의 용도로 활용하는 경우가 많아 평상시보다 더 위험한 환경을 조성하고 있는 것이 사실이다. 그러니 거주지 바로 앞에서 대규모 지진이 발생하는 환경이 아니라면 일부러 방어 구조물을 설치하기는 쉽지 않은 일이다. 단층대가 해안 인근에 있지 않는 한, 수십 년 만에 한 번 올지 모를 쓰나미로부터 목숨을 건지기 위한 가장 경제적이고 강력한 방법은 경보시스템을 활용하는 것이다. 하지만 인도양의 각국에서는 쓰나미 경보시스템을 갖고 있지 못했다. 반면 하와이에 있는 태평양 쓰나미 경보센터는 쓰나미 발생을 우려하여 디에고가르시아 섬에 주둔하고 있는 미군에게 경보를 발령했다고 전한다. 다만 피해지역에는 정보를 전달하지 못했다고 한다.

정보를 듣고 그 리스크를 즉시 인식하기 위해서는 지식의 역할이 크게 작용한다. 당시 성탄절 휴가로 태국의 리조트를 찾은 한 영국 소녀의 이야기가 전해지는데 이는 방재 지식의 중요성에 관한 큰 교훈을 남긴다. 소녀는 리조트를 방문하기 수개월 전 초등학교 교과서에서 지진과 쓰나미에 대해 학습한 바 있었다. 이 리조트에 부모와 동행하게 된 소녀는 바닷물이 줄어든 양상을 보면서 그것이 쓰나미의 징조임을 느낀 유일한 사람이었다. 쓰나미가 내습한다는 사실을 급히 머리에 떠올린 소녀는 주위 어른들에게 큰 소리로 이를 알렸고, 덕분에 많은 백인 어른들의 생명을 구한 장본인이 되었다. 정보의 중요성을 되새기게 만드는 교훈으로 작용한 것이다.

경험을 기억하는 일과 지식을 습득하는 일은 인명 보호에 있어 가장 직접적인 역할을 하게 된다. 문제는 이러한 지식을 습득할 수 있는 사회적 환경이 조성되어 있느냐에 있다. 경험은 직접 사건에 직면할 때 얻어지는 결과지만, 간접적으로 경험하여 소화하는 일은 반복 교육을 통해서만 가능하고, 이렇게 경험하지 않은 일에 대해 정보를 부여할 수 있는 방법은 사회 교육의 수행으로 이루어져야 한다.

영국 소녀의 예에서 본 것처럼 선진국에서는 유치원과 초등학교 학생들을 대상으로 다양한 안전교육이 실시되고 있다. 물론 어린 학생들이 자라 그동안 배운 지식을 사회 차원에서 공유하기까지는 긴 시간이 소요된다. 그러나 피해를 줄이는 데 큰 몫을 하는 장기적 관점의 방어 체계로써 국가와 지역 사회가 주도하는 방재교육의 중요성은 아무리 강조해도 지나치지 않다. 대부분의 피해 지역에는 이러한 교육체계 역시 부족하였으며, 지역사회 경제가 이를 뒷받침하지 못한 점도 재차 지적되고 있다.

세계에서 가장 거대한 단층대에 둘러싸여 살고 있다 해도 지진 리스크를 심각하게 받아들일 수 없는 사회경제적 여건은 재해에 직면한 사회가 갖는 대표적인 문제로 지적할 수 있다. 2004년 사태 이후 2007년 7월 17일에도 인도네시아 자바 섬 해역에서 다시 지진이 발생하였으나, 역시 경보는 발령되지 않았고 해일은 또다시 연안을 내습하였다. 바닷물이 빠져나가는 이상 현상을 목격하였음에도 불구하고 주민들은 피난하지 못했으며 여지없이 800명 이상의 인명 피해를 입었다.

휴양지에 잠재되어 있는 위험

일반적으로 관광객이나 일시 체류하는 거주민들은 지역 주민과 비교하여 리스크에 대한 인식이 현저히 낮다. 해안에서 해수욕을 즐기고 있는 관광객이라면 쓰나미 내습에 무방비인 상황이 대부분이다. 설사 쓰나미 경보가 발령되더라도 이해할 수 있는 언어가 아닐 수 있고, 통신매체를 통해 정보를 취득할 수 있는 확률도 높지 않다. 이러한 재해 피해를 생각한다면 해수욕장이나 해양휴양지는 그다지 안전한 휴식처가 아닌 셈이다.

쓰나미는 보통 한 번 내습하는 데 그치지 않고 여러 차례 들어왔다 나간다. 수백 킬로미터에 달하는 파장과 수십 분 주기의 파동은 해양의 조석파에 이어 두 번째 크기의 장주기성 파동이다. 높은 해일이 동반되는 경우는 처음 1파에 이어 들어오는 2, 3파 정도까지이고 이후에는 낮아지는 것이 보통이다. 문제는 들어왔다 나가는 해일의 시간 간격이 길게는 30분 이상일 수 있다는 것이다. 쓰나미에 대해 식견이 높은 전문가라 하더라도 현지에서 물이 몇 차례나 들어왔다 나가는지는 예측할 수 없다. 만일 쓰나미가 들어왔다가 나가고 난 뒤 모든 상황이 끝난 것으로 오해할 경우 연이어 들어오는 쓰나미로 인해 큰 낭패를 겪을 수도 있다.

진앙지가 비교적 해역에 가까워 미리 지진동을 느꼈다면 쓰나미 내습 가능성에 대해 생각할 여지를 가질 수 있다. 그러나 먼 해역에서 발생한 쓰나미가 갑자기 밀려들어오는 경우 예보 없이는 좀처럼 인지하기 쉽지 않다. 그러나 반대로 처음부터 물이 나가고 해안이 바닥을 드러낸 경우에는 쓰나미 내습에 대한 사전 예보는 절대 중요한 역할을 하게 된다. 해안 바닥이 드러났다는 것 자체가 사람들에게 기이하게 여겨져 조개잡이를 하거나 바다 쪽으로 걸어 나가게 만들 우려가 높기 때문이다. 일

단 물이 빠진 뒤 다시 내습하는 쓰나미는 평균 해수면 아래로부터 파동 진폭의 두 배 만큼이나 되는 거대 파도가 된다. 바다 쪽으로 나간 사람들은 그만큼 대피 거리가 늘어나는 셈이다. 결국 사람이 달리는 속도보다 더 빨리 진입하는 해일, 그리고 더 높은 해일에 휘말릴 수 있다.

쓰나미가 내습하는 곳이 휴양지인 경우, 지진해일에 대한 경험과 정보의 부재는 지역 현실을 구체적으로 알고 있는 주민에게만 국한되는 문제가 아니다. 2004년 막대한 인명 피해를 입은 태국의 푸켓은 세계적으로 유명한 휴양지다. 지진이 발생한 날은 12월 26일로, 성탄절 휴가로 유럽 등 각국에서 찾아온 많은 외국인들이 한꺼번에 희생되었다. 관광객들이 머물고 있던 콘크리트 건물이 지진동에 버틸 수 있을 만큼 튼튼했는지를 생각해 볼 때, 주변 보통 가옥에 비해 상대적으로 높은 강도를 가졌을 것이다. 그러나 해안을 공격한 10m 이상의 쓰나미에 의해 이마저 파손되고 말았다.

남아시아 쓰나미 이후 전 세계는 휴양지에 잠재되어 있는 거대한 리스크를 실감하였다. 실제 이 지역 인근의 휴양지로 여행을 계획하면서 그 위험을 고려하는 사람들도 많아지고 있다. 그러나 환태평양 조산대가 해안을 따라 조성되어 있고 이곳을 방문하는 여행객이 휴양지에 잠재되어 있는 쓰나미의 위험을 인지하지 못한다는 사실은 치명적인 피해를 일으킬 수 있는 큰 위험요소라 할 수 있다.

불가항력의 대지진

'불가항력'이라는 표현은 2011년 동일본 대지진 재앙을 표현하는 데 가장 적합한 단어다. 지구상에서는 매년 규모 8.0 이상의 지진이 평균 한 번꼴로 발생한다. 대륙이나 깊은 바닷 속 거대한 활단층에 농축되었던 응력이 분출하기도 하며, 단층대가 아닌 내륙에서 대규모 강진이 발생하기도 한다. 사람들이 모여 사는 도시 인근에서 이런 강진이 발생하게 되면 심각한 피해와 후폭풍을 일으키게 되며 이는 대재앙으로 이어질 수 있다.

확률적으로 그러한 강진이 대도시 인근에서 발생한다는 것이 쉽지 않은 일이긴 하지만, 그렇다고 미야기현 앞바다에서 발생할 수 있는 강진을 전혀 예측하지 않은 것도 아니었다. 2002년 일본 '지진조사연구추진본부'가 일본 주변 각지에서 발생하는 지진데이터를 모아 분석하고 통계 낸 값에 따르면 이 해역에서 발생할 수 있는 지진 확률은 향후 50년 이내 90%에 달하고 있으며 규모는 8.0에 달한다. 이미 예측이 되고 있던 지진과 해일이어서 그런지 정부를 비롯해 미야기현과 인근 산리쿠, 후쿠시마현에서도 깊은 관심을 가져왔던 것이 사실이다. 이 해역의 쓰나미 영향에 대해서는 오래 전부터 지역 사회에서 꾸준히 연구를 진행해왔으며 해안 지역에서는 정기적으로 대피훈련까지 진행해 왔다. 물론 갑작스런 지진발생에 대비해 기상청의 예보시스템 역시 훈련과 개선을 반복해 오고 있었다. 그러나 최대 지진 발생이 예상되는 4개 단위 구역에서 동시에 해저가 붕괴되는 결과가 발생하였고, 이로 말미암아 발생한 지진은 상상을 크게 넘는 수준이었다.

규모 8.0의 지진과 규모 9.0의 지진은 수치만으로 큰 차이가 없어 보이지만 지진이 갖는 에너지는 32배까지 차이가 난다. 학자들 사이에서는 지진의 규모를 다이아몬드의 크기, 가치와 많이 비교한다. 크기에 따라 그만큼 큰 차이를 갖기 때문이다. 그동안 일본이 예상하고 준비해왔던 지진의 크기는 그 자체로 버겁고 무거운 수준이었지만, 이번 지진은 그 위에 도무지 감당하지 못할 무게를 수 십 배나 더한 것이었다.

인구 밀도가 높을수록, 도시가 고도화될수록 지진에 견딜 수 있는 내력은 약해지게 된다. 도시에는 인명과 재산 이외에도 다양한 가치와 이를 소유하는 사람들이 존재하기 때문에 지진 외력을 제어하기 위한 수단에도 다양한 채널과 이해관계가 연결되어 있다. 대도시 중심에 진앙을 두고 발생하는 지진일수록 재해는 공황상태에 이를 확률이 높다. 그 끝이 어디인지 파악하기도 어려울 만큼 큰 파급을 초래한다는 점에서 '도시 대지진'이라는 단어는 대재앙의 의미로 해석되고 있다. 지진과 해일을 논할 때 불가항력이라는 표현을 쓰는 첫 번째 이유가 여기에 있다. 강한 지진과 쓰나미의 힘은 사람이 저항해서 될 일이 아니라 겨우 피할 수 있는 수준이라는 사실을 말해주는 것이다.

목숨을 살리는 대피훈련

일본 동북지방에 상상을 초월하는 지진과 해일이 내습했을 때 사람들이 할 수 있는 일은 그저 해일을 피하는 것이었다. 진앙지로부터 달려오는 해일의 전파속도는 초속 100m 이상이었고 가장 가까운 해역에는 불과 14분 만에 해일이 내습했다고 한다. 일본 미야기(宮城)현의 유명한 온천관광지 오나가와(女川)에도 15m가 넘는 해일이 내습했다. 높은 곳은 25m가 넘는 해일이 내습했다는 방송이 보도되었다. 일본 기상청은 쓰나미 속보를 발표했고, 일본방송협회(NHK)가 긴급 재난방송을 내보냈다. 그러나 10여분, 길게는 20~30분에 달하는 시간동안 지역 주민들이 대피 준비를 하는 데는 무리가 많았다.

당시 일본 기상청과 방송사가 제 역할을 다하였음에도 불구하고 사회는 이에 대해 따가운 눈초리를 보냈고 경보 시점에서부터 정확도에 이르기까지 여러 의견이 분분했다. 사실 지진과 쓰나미에 대해 여러 국가에서 경보를 발령하고 있으나 이는 '안전 정보의 신속 통보'의 관점에서 해석하는 것이 타당하다. 인류가 가진 기술을 동원해 할 수 있는 일은 한계가 있다. 좀 더 신속하고 정확한 경보를 발령해 주길 바라는 것이 사회의 요구이긴 하지만, 언제 어디서 지진이 발생하든 경보 업무를 안정적으로 수행하는 기술은 대단한 숙련이 필요하고 그만큼 어려운 기술이라는 이야기다.

그러나 일본 사회는 이런 상황을 익히 알고 있는 듯하다. 기상청은 신속하고 정확한 예보를 한다고 자신 있게 이야기하지 않으며 자신들의 한계를 명확히 알리고 있다. 국민 역시 이러한 점을 인식하고 있다. 생명의 안전이 달린 신중한 문제에서 경보의 중요성은 아무리 강조해도 지나치지 않겠지만, 그 과정 자체가 그만큼 어렵다는 점을 모두가 인식하고 있는 것이다. 오히려 경보를 듣는 주민과 관련 지역의 태세에 더 큰 역할을 부여해야 합당하지 않을까? 실제 지자체와 정부도 이 부분에 기대를 하고 있다.

해안에 높은 제방을 치고 있는 해안 부락일수록 지진해일 대피훈련은 적극적이고 치밀하다. 언젠가 TV뉴스를 통해 신속한 대피로 마을 주민 모두가 목숨을 건진 해안 마을의 사례가 소개되었다. 전신주에 매달려 있는 혼(horn) 스피커를 통해 사이렌 소리가 퍼지자, 어린아이들은 헬멧을 챙기고 어른들은 제각기 가족과 함께 산 위로 달리기 시작한다. 손에는 대피를 위한 안내지도인 해저드맵(Hazard Map)이 한 장씩 들려 있고 질서 있게 달리긴 하지만 발걸음은 급하다. 꼬마를 등에 업고 달리는 어른에서부터 심지어 휠체어를 산으로 올리기 위해 애쓰는 젊은이들도 보인다. 산 위에 다다른 한 부인의 손에는 스톱워치가 들려 있는데, "지난번보다 2분 늦었다."라는 이야기가 전해진다. 대피훈련은 이렇게 그들 생활의 일부가 되었다.

정부가 준비한 해저드맵은 지역의 대피기준이며 주민들은 자신이 대피할 경로와 목적지가 적혀 있는 이 꼬깃꼬깃한 종이를 늘 가까이 하고 있는 것이다. 혼 스피커의 사이렌은 생명을 지켜주는 신호이며 사이렌이 들리면 거의 반사적으로 목적지를 향해 달리게 된다. 생활의 일부분이 된 이러한 대피 과정은 20년 전이나 지금이나 다르지 않다. 이렇게 비상시의 민첩한 행동만이 자신의 생명을 구할 수 있는 자구책이라는 사실을 어린이에서부터 나이 든 노인들까지 모두 확실히 인지하고 있다는 사실이 더 놀랍다. 지진재해에 대비하는 일본인들의 일관된 행동습관을 읽을 수 있는 대목이다.

대재앙의 난국에서도 피해 지역의 일본인들 목소리는 놀라울 만큼 침착하다고 한다. 이러한 사실이 오히려 전 세계를 놀라게 하고 있는 것이다. 정부를 비난하는 목소리가 아주 없진 않겠지만 상대적으로 높지 않다고 느껴진다. 이는 생활 가까이에서부터 늘 재해에 대비하는 사람들이기 때문에 가능했던 일일 것이다.

피해, 어디까지 가나

지진과 쓰나미가 주는 피해는 상상도 못할 만큼 복잡한 사건들을 만든다. 일반적으로 지진재해의 영향은 정형적이지 않으며 크기와 한계의 예측이 어렵다. 다양한 악재는 사회 내부 정치, 경제, 사회, 문화 모든 요소에 도미노 형태로 파급된다. 이러한 사회 기능들은 정체되지 않고 늘 변화, 창조되며 흘러가고 있다. 그 모든 기능들이 유지되는 데 필요한 최소한의 수준을 지키는 일이 사회를 유지하는 리스크 관리의 기본이 된다. 그런데 지진과 쓰나미로 인해 기능이 정지되고 최대로 허용 가능한 정체 시간이 한도를 넘어설 경우 지역 사회는 결국 파국에까지 이르며, 그 여파는 글로벌(Global) 사회라는 매체를 타고 일파만파 확대될 수 있다. 글로벌 사회에서 이러한 현상의 원인은 제각각 달라질 수 있다. 하지만 우리는 2008년 미국 금

융위기를 통해 이미 전 세계에 걸쳐 리스크가 전파되는 양상을 경험해 본 바 있다. 또 이러한 현상들은 뉴 노멀(New Normal) 또는 시스테믹 리스크(Systemic Risk)로 칭하는 가운데 글로벌 리스크의 전형이 된 지 오래다. 이러한 리스크들의 공통적인 특성은 모두 발생 원인과 과정에 있어 불확실성(uncertainty)이 높다는 것이다. 지진의 나라 일본에서도 수십 년 전부터 이를 극복하고자 해법 요구를 거듭해 왔다. 아직도 완성되지 않았지만 정부와 민간을 포함해 전 국가적 차원에서 거대 지진재해 대책을 정착해 가는 과정 중에 있기도 했다.

동일본 대지진으로 인한 영향은 막대한 인명 피해와 직접적인 재물의 손실이 전부가 아니다. 앞서 설명한 바와 같이 도시를 강타한 규모 9.0의 대규모 지진은 2,100억불이라는 막대한 경제적 손실을 동반하였다. 지진으로 인한 지급보험금도 무려 350억불에 달했으며 여기에 일본 정부가 부담하는 지진해일과 원자력 피해에 대한 복구비용까지 더한다면 약 600억불을 넘는 금액이 지불되었을 것이다. 2005년 허리케인 카트리나 내습으로 인한 지급보험금이 710억불로 역대 최대 규모였던 것을 고려하면 실로 최악의 재앙이 아닐 수 없다. 경제 손실은 결국 보험 산업에도 큰 손실을 일으킨 셈이다. 물론 이번 재앙으로 인해 일본 사회가 겪을 위기는 이것이 전부가 아니며 아직도 과정 중에 있다. 1995년 한신 아와지 대지진의 여파가 10여 년간 지속된 사실을 보더라도 지진재해가 남긴 상처와 흔적은 당분간 계속될 예정이다.

전문가들은 앞으로 일본에 3대 사회위기가 발생할 것이라 예측하고 있다. 자원(resource)위기, 수요(demand) 위기, 그리고 마인드(mind) 위기가 그것이다. 전력 공급 문제와 관련한 막대한 자원의 충당, 얼어붙은 경제를 다시 일으키기 위한 수요 창출, 그리고 피해와 희생으로 추락한 국민 전체의 사기를 올리기 위해 어떤 대책이 추진될 것인지에 전 세계의 이목이 집중되고 있다.

쓰나미 리스크 관리

리스크 도미노와 연속성 관리

대규모 재해의 손실 전파 과정이 인류가 풀어야 할 문제로 부각되는 가운데, 저명한 국제단체인 세계경제포럼(WEF: World Economic Forum)은 동일본 대지진이 가진 복합적인 리스크가 전파되는 과정을 분석, 발표하였다.

먼저 사회에 노출된 리스크를 네 가지로 구분하면 재해리스크, 운영리스크, 전략리스크 및 재무리스크로 나눈다. 동일본 대지진은 재해리스크로 시작해 도시시설과 장치들이 피해를 입고 원자력발전소의 문제를 유발하였다. 도시시설과 장치의 마비는 공장의 조업마비, 생산중단으로 이어지고 제품에 대한 책임, 리콜로 연결되었으며 공급망을 붕괴시키기에 이르러 운영리스크 영역으로 확대되었다. 또 원전의 가동중단으로 인한 시설, 장비 피해에 더불어 방사능 오염, 전력공급 중단을 일으켰으며 주민 등 인력의 대이동, 임직원 손실을 유발하여 결국 공급망에 영향을 주게 되었다. 공급망 중단과 인력 손실은 지역 사회와 국가의 평판을 악화시켰으며 기업 브랜드 가치를 떨어뜨렸고 이어 고객 이탈을 일으켜 전략리스크 분야로 자리를 옮겨갔다. 결국 기업의 매출, 수익이 급락하고 현금 흐름의 곤란, 주가 폭락을 일으켜 기업 존폐에 대한 문제로 확대되어 지역 사회와 국가경제문제로 연결되고 종국에는 재무리스크 분야까지 연결되었다. 대규모 재해는 이렇게 전 분야에 걸친 종합적인 리스크 범주를 횡단하여 모든 리스크를 발생시켰으며 그 사이에 위치하는 주민, 기업, 사회, 국가는 큰 손실을 입게 되는 리스크 순환구조를 띄는 것으로 나타났다.

위기문제는 일본을 떠나 일본에서 생산되는 제품을 공급받는 국제사회의 대기업에까지 영향을 미치게 되었다. 즉, 글로벌 공급망의 안정성 여부가 국제적인 문제로 연결되지 않을까 하는 우려가 컸는데, 실제로 영향을 받은 기업들도 적지 않다. 글로벌 공급망의 마비가 일어나는 과정은 연쇄적인 효과로 나타나고 순식간에 전 세계로 확산되어 중간 과정에 속한 조직과 사회, 국가에까지 영향을 미치는 특성을 보이고 있다.

이러한 현대사회가 가진 도미노 형태의 리스크 특성을 '리스크 캐스케이드(Risk Cascade)'라 표현한다. 간단히 말해 리스크(risk)가 재해(disaster)를 일으키는 원인에 해당한다면, 지진재해의 최종 영향(impact) 이전에 거쳐 가는 모든 현상과 중간 영향들이 모두 리스크가 될 수 있다는 뜻이다.

이런 이유로 재해가 미치는 핵심적인 영향에 초점을 두고 대책과 차선책을 마련하자는 연속성 관리(Continuity Management)의 필요성이 글로벌 사회 내에서 시급히 요구되고 있다. 즉, 각 조직이나 사회 또는 국가가 이러한 대재앙으로 인해 기능이 마비되었을 때 중핵적인 기능과 업무를 빠른 시간 내에 연속화 시킬 수 있는 전략을 준비하는 일이 이제 글로벌 시장에서 필수 여건으로 인식되고 있는 것이다.

최근 10년 사이에 국제물동량이 7배나 증가한 추세를 통해 지구촌이 글로벌화 되어가고 있음을 실감할 수 있다. 글로벌화는 재해 영향을 전달하는 절대적인 매체이기도 하다. 이 매체는 더욱 직접적이고 신속하게 전파하는 특성을 가지기 때문에 이웃 나라의 일이 곧 우리 일이라는 것을 누구나 짐작할 수 있을 것이다.

지진이 잦은 일본의 연속성 관리에 대한 인식도 발상국인 서구와 동시에 시작해 발전을 거듭해 왔지만, 그 효과에 대해서는 회의적인 부분이 없지 않다는 외신들도 많다. 하지만 이는 연속성 관리에 대한 사회의 학습이 온전히 발달하지 않은 현 실태 문제에 집결되고 있으며, 미지의 리스크를 타파하기 위한 새로운 접근의 가치를 부정하는 사례는 드물게 보인다.

지금껏 그래왔듯이 대도시의 자연재해는 단순히 인명을 보호하고 재산을 보호하는 일에 그칠 수 없다. 국제사회의 관심은 대재해가 주는 계속되는 후폭풍에 대비하는 데 집중되어 있다.

우리에게 닥칠 쓰나미 리스크

환태평양 조산지대와 달리 중국에는 뚜렷한 활단층이 분포하지 않지만 그럼에도 강진이 발생하고 있다. 이는 극히 희박한 주기로 발생하는 우리나라의 지진운동을 대변하는 사례이기도 하다. 우리나라도 지진의 안전지대가 아니라는 이야기다. 국내 지진과 쓰나미 발생에 관해서는 삼국유사와 조선왕조실록 등의 고문서 기록을 통해 명확히 알 수 있다. 지진재해의 발생 현황이 과거와 유사하다 하더라도 현재는 도시가 고도로 성장, 발달해 있고 인구밀도가 높은 곳이 많기 때문에 발생 확률에 관계없이 보다 적극적인 지진재해대책이 요구된다.

우리나라의 쓰나미 리스크는 지진의 경우보다 더 높은 발생 확률을 갖는다. 내습하는 해일의 진앙이 일본 서해안의 활단층 상에 위치하고 있기 때문이다. 그 활단층은 지금도 운동을 계속하고 있고 많은 에너지가 축적되어 가고 있는 중이다. 응축된 에너지가 탄성 반발을 일으킬 때 대규모 지진을 동반하게 되어 이 지역에서는 1900년부터 벌써 네 차례의 대규모 지진이 있었다. 활단층을 따라 지진이 발생한 지역은 이미 응축된 에너지가 방출되었기 때문에 다시 응축되기까지 당분간 큰 지진의 염려는 없다. 그러나 같은 활단층 내에서 최근 지진이 없었던 곳에서는 지금도 많은 에너지가 응축되고 있다. 이는 가까운 미래에 폭발을 일으킬 가능성이 상대적으로 높음을 암시한다. 이렇게 활단층 내에서 근래 지진이 발생한 적이 없어 머지않아 발생 우려가 높은 지역을 '지진 공백역(Seismic Gap)'이라 한다. 우리나라의 쓰나미 위험은 일본 서해안의 지진 공백역으로부터 시작된다고 할 수 있다.

일본 '지진조사연구추진본부'의 발표에 따르면 일본 서해안을 따라 발달한 활단층대로부터 1940년, 1983년, 1964년 그리고 1993년에 대규모 지진이 발생하여 응축된 에너지가 분출되었고, 따라서 해당 해역에서는 향후 50년 간 지진발생 확률이 없는 것으로 보고되었다. 반면 북해도 북서측과 아키타 앞바다 그리고 사도시마 북측에는 아직 이렇다 할 대규모 지진이 수십 년 째 발생하고 있지 않은 지진 공백역이 분포하고 있다. 그중에 북해도와 아키타 인근 공백역에서의 평균 지진발생 주기는 각각 3,900년과 1,000년 이상이고 그 규모가 7.8과 7.5로 예상된다. 발생 확률을 보면 50년 간 북해도 인근의 공백역에서는 0.2% 이내, 아키타 인근에서는 5%로 보고되고 있다.

한편 남측으로 내려와 니이가타현 사도시마 북쪽 해안에서 예상되는 지진의 평균 발생 간격은 500~1000년, 예상 지진 규모는 7.8로 예상되고 있다. 이는 그간 같은 해역에서 발생했던 지진 규모를 상회하는 것이며 향후 50년 이내의 발생 확률도 5~10%로 상대적으로 높은 편이다. 이 지진을 향후 동해에서 발생할 수 있는 가장 확률 높은 지진으로 추정하고 있다. 또 이곳 진앙지의 수심이 1km를 넘기 때문에 대규모의 쓰나미를 동반할 것으로 예상하고 있다. 비교적 높은 지진 발생 확률을 고려한다면 우리나라의 쓰나미 위험은 발생 가능성 보다는 발생 시기를 우려해야 하는 실정이다.

만일 이 지진이 발생할 경우 해안에 내습할 쓰나미를 컴퓨터 시뮬레이션을 통해 추산해 보면 진앙 근처 일본 서해안에는 20m 이상의 해일이 내습할 것으로 예상된다. 우리나라 동해안에도 평균 3~4m, 최고 5m 이상의 해일이 내습할 것으로 예측되며 북한 일부 지역에도 평균 5m가 넘는 해일이 내습할 것으로 보인다. 이렇게 쓰나미의 높이는 북한과 동해 연안 전체에 걸쳐 일정하지 않으며, 해안 지형에 따라 일부 지역에 집중되는 양상을 보인다.

동해안 주민들의 쓰나미 인식

난류와 한류가 만나는 동해에는 60여 종의 어류가 서식한다. 어업과 양식업이 발달해 2008년 강원도의 어업 현황만을 보더라도 총 30,138M/t(metric ton: 1,000kg을 1톤으로 하는 중량 단위)의 물량을 통해 1,000억 원 이상을 생산하고 있다. 에너지를 필두로 화학공업 및 중공업 등 각종 산업이 발달한 지역이기도 하여 정부는 동해안 일원을 신재생에너지와 에너지클러스터 권역으로 구분하여 개발계획을 추진하고 있다. 도로 및 철도 교통이 동해안을 따라 남북방향으로 연결되어 있어 교통의 요지이기도 하다. 또 국내 최대의 휴양지로 100여 개의 해수욕장을 비롯한 각종 리조트와 관광지가 해안을 따라 분포하고 있다. 여름철에 많게는 수십 만 명의 인파가 매일 해수욕장으로 모여들고 있는 곳이기도 하다.

쓰나미의 내습은 해안에 위치한 산업과 거주민에게 가장 치명적인 피해를 입힐 수 있는 리스크임이 각종 재해기록을 통해 입증되고 있다. 해안의 시설물 파괴는 물론 쓰나미에 떠밀려 온 쓰레기와 부유물 충돌에 의한 피해, 대피하지 못한 주민들과 외부인들이 파도에 휩싸여 희생되는 다양한 피해가 발생할 수 있다. 세계에서 지진 발생 확률이 가장 높은 일본 서해안의 활단층대에 면하고 있다는 점과 급작스러운 내습, 그 피해를 고려한다면 무방비 해안에는 항상 심각한 문제가 잠재되어 있는 셈이다.

잠재된 위험은 해안 시설과 주거 가옥의 안전성을 언급하기 전에 이 지역 주민의 안전의식을 보더라도 쉽게 파악이 가능하다. 1998년 우리나라 정부가 동해안 30여 곳에서 90여 명의 주민을 대상으로 쓰나미에 대한 인식도를 조사했는데, 그 결과 70% 이상의 응답자가 이를 인지하고 있었다. 쓰나미의 발생 원인과 특성을 자세히 알고 있는 주민도 있었지만, 지진에 의해 해일이 일어날 수 있다는 정도에 그쳤으며 누군가에게 들어 알고 있는 것이 대부분이었다. 또 쓰나미에 대한 지식과 정보를 보통 TV 매체를 통해 접한 경우가 가장 많았고, 1983년과 1993년에 이미 내습을 경험했기 때문에 더욱 이해하기 쉬웠다고 한다.

그러나 응답자가 가진 지식 중에는 잘못 인지된 사항도 많았다. 예를 들어 1983년에 내습한 해일이 쓰나미였음을 알고 있지만, 내습이 발생했을 때 어떻게 해야 목숨을 보전하고 마을을 보호할 수 있는지 제대로 알지 못하는 주민들이 대부분이었다. 쓰나미 현상이 아주 무서웠다는 기억은 가지고 있으나 실제 어느 정도의 위력인지를 알고 있는 경우도 드물었다. TV나 신문, 잡지를 통해 습득한 지식의 정도 역시 일상의 뉴스 수준으로만 인식하고 있었다.

지식과 교육의 차원에서 본다면 2004년 남아시아 쓰나미와 2011년 동일본 대지진 쓰나미는 강력한 교육적 효과를 발휘했다. 실제 우리나라에 있어서도 그 이후 리스크 인식 수준은 크게 향상되었다. 2005년 동해안, 남해안을 중심으로 초등학교 방재교육 프로그램에서 조사된 쓰나미에 대한 인식 정도를 보더라도 이제 쓰나미가 어떻게 발생하며 얼마나 무서운지를 실감하고 있음을 알 수 있다. 또 지역 원주민과 현지 재산 소유주뿐만 아니라 관광을 위해 일시적으로 머무르는 일반 국민들까지 위험성과 대처요령에 대한 비교적 구체적이고 상세한 지식을 습득할 수 있는 기회가 되었다는 점에서 큰 재해의 교훈으로 기록될 수 있다. 다만 아직도 그 정도가 사회의 상식 수준에 머물러 나한테 직접 닥칠 수 있는 문제라는 인식은 부족한 편이었다.

2011년의 동일본 대지진은 그간 다져온 쓰나미에 대한 지식과 인식에 불을 붙인 계기가 되었다. 쓰나미는 이제 지구촌 먼 곳에서 일어나는 재앙이 아니며, 일본에서 동해안에 이르기까지 언제 어디에나 쓰나미가 내습할 수 있다는 인식이 확산되었다. 동해안에 위치한 많은 기업으로부터 자신들의 사업장에 닥칠 쓰나미 위험을 파악하고자 문의가 쇄도하고, 현재 경보와 방어체제에 있어서의 문제점, 사업에 미치는 영향이 어떠한지 우려하기 시작했다. 많은 국민들도 TV와 라디오 뉴스를 통해 공포감을 느끼고 있지만, 이는 사회불안을 일으킬 수 있는 요소라기보다는 자신과 가족, 친지들의 안전을 바라는 우려의 목소리에 가깝다. 초·중·고등학교 교사를 대상으로 지진과 쓰나미에 대한 교육이 활발히 진행되었고, 동해안 지역에서는 반상회를 통해 쓰나미의 위험과 현재의 방재시스템을 교육·홍보하게 되었다고 한다. 지진과 쓰나미에 대한 학교 교육 역시 활발히 진행되어 유치원, 학교에서의 지진 대피 훈련이 정규 과정에 포함되는 등 안전에 대한 욕구가 여기저기에서 드러나는 계기가 되었다.

우리나라의 쓰나미 리스크 관리

사도시마 북측 활단층으로부터 대규모 해저지진 발생이 우려되는 가운데 우리나라도 쓰나미 위험에 노출되어 있다. 그러나 일본과 비교할 때 우리나라의 리스크는 크게 다르다. 일본은 진앙이 해안에 가까운 만큼 지진과 동시에 해일이 내습한다. 따라서 해안에 10m가 넘는 쓰나미 제방을 건설하고 지진 발생 2분 만에 해일경보가 발령되는 등 신속한 경계체제를 완비하는 것을 주요 골자로 하는 방재대책을 수립하고 있다.

반면 진앙으로부터 멀리 떨어진 우리나라의 경우, 해일이 발생하면 약 두 시간 뒤 해일이 내습하기 때문에 상대적으로 일본과 비교해 대처할 수 있는 시간적 여유가 있다. 기상청은 이러한 관점에 입각하여 '원스톱 통보 시스템'이라는 쓰나미 예·경보체제를 확립, 운영 중에 있다. 기존의 기상정보가 국민에게 전달되기 위해서는 기상정보입력, 확인, 출력, 예보관서별 팩스통보, 유관기관으로 이어지는 5단계의 복잡한 통보단계를 거쳤다. 이러한 통보체계를 원스톱체계로 자동화하여 기존 5단계 통보체계를 축소했고, 국민에게 기상정보가 신속히 전달될 수 있게 하였으며, 유관기관별로 팩스에 의존하던 통보수단을 이메일, SMS, 경보시스템 등 다양한 매체로 전환하여 유관기관별 맞춤형 통보서비스를 제공함으로써 전달 성공률을 높이고 있다.

쓰나미가 발생하면 기상청은 국가지진정보시스템(NEIS)으로부터 자동 분석된 결과를 동시동보 FAX, 컴퓨터 통신, SMS, E-mail, 기상청 홈페이지, 포털사이트 등 다양한 통보방식을 이용해 소방방재청 등 방재관련기관, 언론기관, 지방자치단체 및 유관기관에 분석, 통보한다. 2005년 후쿠오카 지진 이후 기상청은 '지진 및 쓰나미 업무 현대화 계획'을 통해 '원스톱 지진통보시스템'을 새로 도입하였으며, 지진 인지 후 지진속보는 2분, 지진통보는 5분, 지진해일주의보는 10분 이내에 발표하는 시스템을 구축하였다. 또 쓰나미 특보 발표기준을 조정하여 주의보는 규모 7.0 이상의 지진으로 파고 0.5m 이상이 예상되는 경우, 경보는 규모 7.5 이상의 지진으로 파고 1.0m이상이 예상되는 경우로 정량화했으며 주의보 발표 권한을 현업 근무자에게 부여해 신속한 대응이 가능하도록 했다.

기상청과 한국방송(KBS)간 비상전용망을 설치해 긴급재난 방송체계도 갖추었으며, 기존 3단계(기상청→소방방재청→지자체 상황실→국민)의 통보과정을 2단계(기상청→소방방재청 및 자체상황실→국민)로 단축했다. 또 현재 가동 중인 해저지진계 등 지진장비 및 시설을 확충하고, 진앙지별 쓰나미 시나리오 데이터베이스를 구축하여 일본 서해안으로부터 전파되어 오는 지진해일의 정량적 실시간 예보를 실시하고 있다.

소방방재청 역시 쓰나미 내습 시 생명과 재산보호를 위해 동해안과 남해안을 중심으로 민방위 경보시스템을 구축하였다. 이는 2004년의 남아시아 쓰나미 피해의 교훈을 계승한 것으로 2006~2007년 2년 간 국비 57억 원을 지원(총사업비 114억 원)하여 7개 시도 33개 시군구 해안가에 통제장비 24식, 경보단말기 238식을 설치하여 기존 인구밀집지역 중심으로 운영되던 민방위 경보 기능을 한층 보강한 것이다.

쓰나미 리스크 거버넌스(governance)

이러한 일련의 업무들은 대규모 쓰나미 제방이나 거대한 방조제를 건설하는 일본의 방안과는 다르다. 내습 이전에 쓰나미 발생 정보를 식별, 전파하여 주민을 안전한 곳으로 대피시키고 필요한 사전조치를 취하는 방법이다. 물론 인명 피해와 재산피해를 줄이는 데 큰 역할을 할 수 있으나 구조물에 의지하는 물리적 방어보다는 반(半)수동적인 특성을 갖기 때문에 제약이 많다. 하지만 근 10년을 주기로 발생하는 쓰나미에 대하여 경제성 측면이나 환경 영향을 고려할 때, 물리적으로 쓰나미를 막아낼 구조물을 설치하는 것보다는 합리적이고 유효한 대책이라 할 수 있다. 따라서 쓰나미 발생에서 내습에 이르는 두 시간 동안 쓰나미 제방을 대신할 수 있을 만큼 정확하고 철저한 경보와 대피 프로그램을 운영해야 하는 부담이 따른다.

성과의 신뢰성을 높이기 위해 국가와 지방정부 위주의 정책만으로는 효과를 볼 수 없다. 피해 가능성이 있는 지역의 주민 생활 방식과 기업 운영 방식, 지역 사회의 경제·사회·문화 내부 전반에 이러한 정책들이 자연스럽게 흡수될 수 있도록 하는 것이 중요하다. 따라서 지역사회 중심의 쓰나미 리스크 거버넌스(governance)가 구성될 필요가 있다. 리스크 거버넌스는 동일한 리스크에 봉착할 주체들이 그 정보를 공유하고 공동 대처하는 하나의 단위로써 자연재해의 경우에는 보통 피해가 발생할 수 있는 지역단위의 구성원으로 모이게 된다. 경보를 받아 대피, 대응과 복구를 수행해야 하는 주체들이 한데 모여 조직을 이루고, 그 가운데 명령과 통제 구조를 갖추어 신속하고 효과적으로 재해에 대처하기 위한 유기체라 하겠다. 쓰나미 리스크 거버넌스 상에서 국가와 지방정부는 지역사회가 그들 스스로의 대처방안을 마련하는 데 더하여 거버넌스 구성원들의 생활과 활동이 방재정책과 접목할 수 있도록 법적·경제적 뒷받침

을 철저히 해야 하며, 특히 교육과 홍보를 위한 제도적 장치와
지역 사회의 문화체제로서 최선을 다할 필요가 있다.

대재앙에 대비하는 플랜B

쓰나미 비상대처계획(EAP)

동해안에 분포하는 재산 가치 대부분은 지역 사회의 소유인 경우가 많다. 또한 산업과 교통 등 사회 인프라적인 기능에 대해서 재산 보호와 시설 안전을 수준을 높이고자 한다면 무엇보다 구조적인 보강이 우선되어야 함이 적절하다. 따라서 원전 시설이나 고가의 장치산업 등 산업시설 자체가 파괴되었을 때 또는 상당한 경제손실, 업무적 손실이 있는 때에는 그 여파가 사회로 확산되기 쉽기 때문에 구조적으로 보강하는 데 더하여 비상대처계획(Emergency Action Plan) 등을 준비하도록 법에 규정하고 있다. 이는 평상시 피해 저감 활동에 대한 사전 계획과 교육 훈련을 통해 재산 피해를 경감하는 정책이다. 비상대처계획은 자연재해대책법 제37조 규정에 의하여 수립되는 제도로써 시설물 관리 주체가 시설물의 붕괴 혹은 위험발생 시 효과적인 대응과 주변 해당지역 피해저감 최소화를 위해 계획하게 된다. 이 법은 시나리오별 위험도 평가, 대피 및 대응계획, 재해구호 및 훈련계획 등을 수행하도록 규정하고 있다.

지역경제와 사회문화를 반영하는 전략을 추진하고, 이러한 토대 위에서 지역 자주 방재체제를 구축하기 위해 국가와 정부가 후방 지원하는 것이 우리나라 방재체제의 기본적인 사고이다. 재산피해에 있어 주요 피해 대상자와 우선적으로 대처해야 할 주체는 지역 사회가 된다. 지역산업체가 소유하는 시설물 역시 주요 피해 대상이며 각 산업체가 대처해야 할 주체이다. 발전소, 플랜트 등 장치 위주 산업의 경우 바닷물에 노출되어 부식되면 치명적인 손실이 불가피하며 고가의 장치인 경우 재산의 손실은 더욱 커진다. 또한 업무 특성상 사회의 인프라 또는 사회의 공급망을 구성하는 사업인 경우가 많아 지역의 손실에 더하여 여타 지역으로 연쇄적인 손실을 유발할 가능성이 높다. 결국 국가와 정부는 법에 근거하여 지역 사회가 재해로부터 안전할 수 있고 동시 피해의 확산을 차단하는 방향으로 갈 것이며, 부가적인 손실을 예방하기 위해 후방 지원하는 체제에 전력을 기울일 것으로 예상된다. 이러한 노력에는 주민의 인명 안전은 물론 피해 발생 후에도 생계를 꾸릴 수 있으며, 지역이 연속적으로 제 기능을 다할 수 있는 방안 구축이 반영되어야 한다.

동해안의 쓰나미 대피훈련

2011년 동일본 대지진 이후 강원도 지역방송총국에서 지진 해일 내습에 대비한 우리의 태세를 점검하는 대담프로그램이 있었다. 동해안 각지를 연결하여 주민들을 인터뷰하고 민방위 훈련 대피상황을 살펴볼 수 있었으며 강원도의 쓰나미 방재대책이 소개되는 시간이었다.

2008년 지진재해대책법이 공표된 지 수 년이 지난 지금, 우리나라의 쓰나미 대책에 관한 제도와 정책에도 많은 변화와 개선이 있었다. 십여 만 명이 대피할 수 있는 대피소가 지정되는가 하면, 침수 예상도를 동원해 대피 관련 지식과 정보를 알리는 등 현재 적극적인 홍보와 교육이 시행되고 있다. 지자체 상황실에는 쓰나미 경보를 위한 전문 IT시설이 자리 잡고 있으며 지진해일이 내습하는 두 시간 동안의 상황 관리를 위한 전략도 마련되어 있다.

지역사회로부터 쓰나미에 관한 보다 구체적이고 실천적인 해결책을 요구받기도 한다. 모 연구기관이 개최한 포럼을 통해 동해안 쓰나미의 위험 정도를 소개하는 데서 더 나아가 실제 해안에서의 인명안전과 재산보호를 위해 현 실태를 점검해 보는 기회가 주어졌고, 이러한 가운데 국가의 정책 역시 지속적으로 개선될 움직임을 보이고 있다. 또 민방위 훈련 과정에도 쓰나미 대피훈련이 함께 이루어지고 있다. 2011년 동일본 지진 이후 지진 리스크에 대한 인식이 높아져 이전과 비교해 동해안 현지 주민들의 반응도 달라졌다고 한다. 심지어 관광객이나 낚시꾼

들까지도 이러한 훈련에 대한 반응이 부정적이지만은 않다는 분석이다. 이는 큰 재앙 뒤 사회의 관심을 대변하는 일이다.

도심에서의 지진재해 대비 훈련 역시 좋은 계기가 되고 있다는 분석이다. 위험에 대비한 일련의 상황들이 모두 정상적으로 진행되고 있지만 그렇다고 또 안심할 일은 아니다. 사실 지진에 대비한 교육과 훈련은 하루 만에 책을 읽듯 이해할 수 있는 상식이나 지식은 아니다. 동해안의 쓰나미 내습은 근 10~20년 이상 간격을 두고 발생하고 있고, 해안을 보호하기 위한 시설물은 여전히 전혀 찾아볼 수 없는 현실이기 때문이다. 물리적으로 쓰나미를 차단하는 것이 아니라 감지, 경보, 준비, 대피, 복구라는 사회 구성원들의 활동을 중심으로 하는 대책이 전부이기 때문이다. 기상청과 소방방재청 그리고 시도·군구 공무원들이 잘 짜여 진 시나리오에 입각해 완벽한 업무를 수행할 수 있다면 대피 경보 메시지 또한 해안 주민에게 안정적으로 전달될 수 있다. 그러나 실제 지역주민들을 대상으로 쓰나미 위험에 대한 인식과 대책을 인터뷰해보니 다소 상이한 결과가 나왔다. "최소한 해안에 있는 사람들이 대피할 수 있도록 제때 경보를 주면 좋겠다."는 요구 일색인 것이다. 현재 거주하는 곳에 쓰나미가 내습한다는 사실은 이미 알고 있지만 이에 대해 어떤 형태의 경보가 발령되는지 알지 못하기 때문이다.

강원도 현지에서도 쓰나미 내습에 대비, 스톱워치를 들고 뛰면서 자신의 대피능력을 스스로 점검하는 자발적인 자세가 필요하다. 실제로 이는 강원도 거주민에게 국한된 문제는 아니다.

서울을 비롯한 전국에 거주하는 국민도 마찬가지이다. 여름 휴가철 언제든 찾아갈 수 있는 해수욕장에서 어떤 경보를 듣고 어디로 대피해야 하는가는 모두에게 중요하며, 쓰나미 경보는 온 국민이 인지하고 있어야 할 중요한 신호이다.

사실 사회 불안을 조장한다는 이유로 금기시 되는 이러한 교육들이 생명을 지키는 진짜 중요한 요소가 될 수 있기 때문에 다소의 긴장감을 수반하더라도 국민 스스로의 관심과 요구를 이끌어 내는 것이 필요하겠다. 또 정부가 계획하고 있는 대피 시나리오가 정말 실효성 있는 것인지 검토도 필요하다. 쓰나미 내습에 대한 시나리오가 유효한 지 검증이 필요하며, 이러한 검증은 반복 연습과 결과 확인을 통해서만 가능하다.

정기적으로 반복되는 훈련 가운데 그 과정과 결과를 분석하여 개선하는 피드백도 필요하다. 사실 우리 사회는 쓰나미에 대비하기 위한 온전한 매뉴얼을 가지고 있는가 없는가에만 관심을 두고 있다. 그러나 매뉴얼은 그 자체가 목적이거나 목표일 수 없다. 상황관리가 제대로 이루어지고 있는지 실제 연습과 훈련으로 확인한 뒤, 각자 해야 할 일들의 절차를 적은 것을 '매뉴얼'이라고 부른다. 매뉴얼과 실상이 별개일 수 없는 것이다. 활용하는 사람들의 요구에 부합하는 절차가 함께 있어야 하며, 이를 실제 행동으로 옮겼을 때 반사적으로 반응이 튀어나올 때까지 훈련되어야 한다.

현대의 우리 사회는 대부분 쓰나미 내습을 경험하지 못했다. 하지만 2011년 일본의 재앙을 보건대 지금의 상태라면 언제든

지 우리 경제와 사회에 상상을 넘어선 재앙이 미칠 수 있다. 지역 주민과 기업은 스스로 생존하려는 노력을 기울여야 하고, 지역 또는 국가에서는 정확한 정보를 적시에 제공해야 하며, 국민과 정부 간에 원활한 커뮤니케이션을 기반으로 한 공조체제가 확립되었을 때 비로소 사회 안전의 성과로 이어질 수 있다. 쓰나미에 대비한 연습과 훈련에는 이러한 협조 관계가 늘 필요하다.

쓰나미 위험지도

우리나라에 가해지는 쓰나미의 특성을 고려할 때 재해저감을 위한 사회 프로그램 개발은 단순한 예·경보와 전달, 대피만으로는 부족하다. 모든 재해가 그렇듯이 정확한 리스크 정보 관리와 거버넌스 내의 커뮤니케이션은 완성도를 높여주게 된다. 1995년 일본 한신 아와지 대지진이 발생했을 때 방재정보가 부족해 피해가 확산되었음이 지적되면서 전 세계적으로 방재정보시스템을 정착하기 위한 노력이 경주되기 시작했다. 이러한 정보 체제의 정비는 우리에게도 시급히 반영될 과제이다. 동해안에 내습하는 쓰나미의 경우 도달 시각과 높이, 특히 높은 쓰나미가 집중될 수 있는 지역 등의 정보는 피해를 줄이는 데 직접적인 도움이 될 수 있고, 이를 적시에 해안 주민에게 전달해야 스스로 자기 방어능력을 갖출 수 있게 된다. 그러나 정보를 제대로 전달하는 일 역시 쉽지는 않다. 물론 쓰나미와 같이 특화 된 재해의 경우, 시나리오와 실제 상황이 유사하게 예측

될 수 있으며 이에 대한 비상대처계획(Contingency Plan)을 수립하는 경우도 많다. 재해 위험성이 높거나 재해가 다발하는 선진국에서는 이미 재해 상황에 필요한 많은 정보를 축적해 왔고, 그 정보를 생산하기 위한 기술까지 고도화된 상태이다.

이러한 계획에 많이 사용되는 정보 매체로 '쓰나미 위험지도(Tsunami Hazard Map)'를 들 수 있다. 쓰나미 내습이 가능한 침수심을 표시하고, 그에 따라 대피소나 비상대처 요령을 표시해 둔 지도이다. 침수심에는 과거의 기록 또는 컴퓨터 시뮬레이션을 통해 예상되는 침수구역 등을 수록한다. 침수심과 피해, 대피소, 대피경로 등 해일 내습 시 경보사항에 따라 긴급하게 필요한 정보를 한데 모아 지도에 표시하게 되면 쉽게 이해가 가능하며 위기대응 능력을 높이는 데 크게 도움이 된다. 우리나라의 지진재해대책법에서도 쓰나미 위험지도 작성은 의무화되어 있다. 이러한 재해 정보도는 쓰나미 방파제처럼 직접 해안에서 해일을 막아주는 구조적 대책(hard measure)과는 달리 재해에 대한 비구조적 대책(soft measure)으로 널리 활용되는 정보매체이다.

실제 쓰나미의 위험이 높은 일본에서는 전국 시정촌에 '쓰나미 해저드맵(Hazard Map)'을 작성, 배포하고 있다. 그리고 이러한 과정이 실제 잠재 위험을 파악하고 만일의 사태에 대비한 방어 능력을 갖추는 데 크게 기여하며, 정확한 정보를 주민에게 전달하기 위한 강력한 수단임을 인식하고 있다.

그러나 많은 예산과 노력을 들여 작성된 이러한 정보들이 실제 상황에 유용하게 활용될 지의 여부를 우려하는 목소리도 높다. 많은 예산과 노력에 대한 부가가치가 활용 주체인 주민들에게 그다지 높은 반응을 얻지 못하고 있고, 이러한 효용가치를 높이기 위한 교육, 홍보 등 직간접적인 사회의 동기마련 프로그램이 같이 병행되어야 함이 그 이유이다. 우리나라의 경우 전국 지자체가 작성한 쓰나미 위험지도는 개인의 재산 가치를 떨어뜨릴 수 있다는 여론으로 인해 민간에 공표조차 되지 못하는 실정에 있다. 또 쓰나미와 같이 평생 한두 번 경험하게 될지 모르는 비상상황을 위해 생산된 정보가 재해 상황에 있어 언제 어떻게 활용될 지에 대한 해답도 아직 얻지 못하고 있는 실정이다. 많은 인구와 재산이 밀집해 있는 대도시에서는 리스크의 영향을 받는 사회의 구조와 연쇄성이 너무도 복잡하여 피해 양상 예측이 어렵기 때문이다. 상상을 넘는 수준의 리스크 상황에서 이러한 정보가 유효한가의 여부는 지금도 논란 중에 있다.

쓰나미 적응 전략

쓰나미가 내포하고 있는 과학은 단순히 물리학이나 공학에 국한되는 것이 아니라 인류에 재앙을 몰고 오는 사회과학에까지 확대되어야 한다. 과거 수십 년 동안 꾸준히 해외의 쓰나미 발생 사례를 꾸준히 찾고 연구를 게을리 하지 않던 일본이 2011년 감당하지 못할 만큼의 재앙을 맞았다. 방재 선진국으로서 그간 준비해 오던 대책들이 제 역할을 했기에 엄청난 괴력으로 인한 피해를 경감시켰다는 평가도 있었지만, 원전 사고는 물론 그 여파는 상상을 불허하는 수준으로 확대되었다. 상상하지 못했던 충격, 극히 낮은 확률의 재해 시나리오는 거대한 자연재해의 공포와 함께 인간의 능력에 확연한 선을 긋는 계기가 되었다. 직접적으로는 주민의 생명과 지역의 재산을 파괴하는 요인으로 여겨졌지만, 나아가서는 재해 이후 주민과 지역이 살아가야 하는 사회적, 경제적 여건이 어느 정도 유지될 수 있는가에 대한 불안과 공포를 남기는 사건이었기 때문이다. 이러한 관점에서 보더라도 지진과 쓰나미를 바라보는 눈은 원인을 규명하고 물리적인 피해를 저감하는 방안에 더하여 경제와 사회과학적 측면의 피해 확산까지 고려해야 하는 과제를 남긴 것이다.

지구에서 발생하는 자연재해의 규모는 이미 거대해지고 있고, 그 피해와 영향이 막대할수록 이에 맞서는 정책보다는 이에 적응하는 전략으로 급선회해야 하는 상황에 이르고 있다. 최근 주목받고 있는 기후변화에 따른 환경의 이상기상 역시 지진재해와 마찬가지라고 할 수 있겠다. 이미 이러한 재앙의 회피를 위해 안전한 곳으로 이동하거나 리스크를 차단해보고자 하는 사람들의 욕구가 일어나고 있으나, 방재시설물이나 구조물이 거대 재해 하에서 정말 제 기능을 할 수 있는가 하고 의문을 품을 만큼 실제 현실은 엄청난 충격을 동반하고 있다.

그렇다면 적합한 적응 전략이란 과연 무엇일까? 구체적인 부분이야 과제로 남겨둘 수 있지만, 궁극적으로 최악의 비상상황에 대비해 사회와 경제 기능을 계속할 수 있는 플랜B를 갖추어야 함이 마땅할 것이다. 이는 물론 우리가 그동안 기울여오던 준비, 예방과 저감을 위한 노력에 더해져야 한다. 그동안 예측 가능한 리스크 한도 내에서 준비해 오던 방재대책과 정책은 말 그대로 예측 된 한도의 리스크 내에서만 유효할 것이다. 그러니 이를 뛰어넘는 불확실한 충격에 대해서도 별도의 계획을 더해야 한다는 이야기다. 이를 위해 고도로 발달한 문명을 접목하거나 엄청난 규모의 시설과 투자를 요구하는 자동화 시스템의 이용은 적합한 방법이 아닐 것이다. 같은 지역에 위치하는 한 그러한 시스템 역시 현재 우리가 처한 환경과 똑같이 위협을 받기 때문이다. 또 리스크가 가진 불확실성이 더욱 커지고 급박한 재난관리 상황이 닥치면 상황실의 전자동 시스템마저도 제 기능을 못할 수 있기 때문이다.

따라서 가급적 인간과 지역사회가 갖는 원초적인 능력을 통해 재난을 관리할 수 있는 수동형 방법을 권장하고 있다. 결국 재난관리에 필요한 가장 중요한 자원은 사람일 수밖에 없다. 그러나 급박한 상황에 최적의 전략을 선택할 수 있는 수단을 인적 자원으로만 국한시킬 수도 없는 일이다. 정밀전자, 자동차, 기계, 선박과 같은 산업이 사람만 가지고 될 수는 없기 때문이다.

실제로 한정된 지식과 정보, 그리고 가용한 자원만으로도 가공할 위력의 쓰나미에 의해 정지된 사회 기능을 스스로 일으켜 세울 수 있는 최적의 플랜B를 찾기 위해 많은 나라들이 고민을 기울이고 있다. 대표적인 예가 일본이다. 또 이러한 요구에 발맞추어 영국에서는 2006년 조직과 사회의 핵심적인 기능에 플랜B를 구축하자는 내용으로 연속성 관리에 대한 국제 표준이 발표되었으며, 현재 ISO 가이드라인으로 정착되어 있다. 그러나 아직 인류는 이러한 새로운 경영관리 기법에 익숙하지 않은 편이다. 다만 일본의 대재앙을 통해 그 필요성을 다시 인식하는 계기가 되었고 개선을 위한 도약이 될 것으로 기대한다.

이렇게 위기상황에 대처해 핵심적인 기능을 연속적으로 수행하기 위한 능력을 고무공이 가진 탄성을 들어 설명하기도 한다. 이를 흔히 '복원력(Resilience)'으로 지칭하는데, 복원력이 강한 사회(Resilient Society)가 결국 대규모 자연재해에 가장 효과적으로 대처할 수 있는 강한 사회가 될 것이다. 복원력을 높이기 위한 새로운 리스크 관리 전략에 대한 수요가 증가하고 있는 오늘날의 현실이 이러한 흐름을 잘 설명한다. 최근 글로벌 기업을 필두로 각국의 정부, 단체와 NGO를 중심으로도 이러한 움직임이 확산되고 있다. 그러나 접근하기 위한 방법이 있는 것만으로는 불충분하다. 재앙을 바라보는 사회의 인식 변화와 요구, 실천이 뒷받침될 때 비로소 진정한 효과를 기대할 수 있다.

사회의 연속성에 대한 도전

미국 9·11 테러 당일, 본사 건물 붕괴와 함께 IT센터를 잃게 된 세계적인 M은행은 다음 날 아침 기자회견을 통해 전 세계 모든 지점의 정상 영업이 재개될 것임을 밝힌다. 예기치 못했던 최악의 테러에 대한 내재된 복원력은 세계적인 금융 기업의 신용도를 최고로 끌어올리는 기회의 역할을 했다. 그동안 알려진 리스크 제어의 최적 솔루션으로 리스크를 세세히 관찰하고 조직에 주는 영향 확산을 방지하거나 예방 활동을 통해 미리 차단, 또는 보험을 통해 전가시키는 조치가 취해져 왔다. 현대 사회의 새로운 문제로 커져 가는 내·외부 충격에 주저 앉아버리는 기업과 조직들이 발생하는 시점에서 이러한 복원력이 주는 의미는 크다. 상상치 못한 강력한 충격에 의해 조직의 기능이 마비되었을 때 순발력 또는 준비된 조직 노력을 통해 즉시 원상태로 기능을 회복할 수 있다면, 결국 복원력이 높은 조직이라 할 수 있으며 이는 다시 연속성(continuity)과 본질을 같이 한다.

수학에서 구간 내 임의의 점에서 입력 변수의 작은 변화가 결과에도 작은 변화를 야기하는 경우, 이를 '연속함수'로 정의한다. 이를 리스크 관리 측면에서 해석하면 그 조직은 작은 변화에 크게 반응하지 않고 기능을 유지할 수 있음을 의미한다. 충격이 클 경우 기능의 불연속 구간이 발생할 수 있으나 불연속 폭을 허용 한도 내로 줄여 대내외로 미치는 영향을 최소화할 수 있을 때, 그 조직은 연속성을 가진다고 할 수 있다. 결국 크고 작은 대내외 변동에 있어 그 가치가 추락하더라도 복원력을 통해 원상으로 회복될 수 있는 능력을 연속성의 척도로 평가할 수 있다.

이는 10여 년 전부터 완성된 이론으로 최근 지구촌에서 발생하는 이상기후와 대지진, 쓰나미 등 재앙을 일으키는 리스크와 맞물려 있으며, 이러한 복원력과 연속성은 현대사회의 리스크 관리에서 자주 회자되고 있다. 최근에는 시장 내 공급망 안정성에 있어서도 큰 화두로 떠오르고 있는데, 이는 단지 공급망에 국한되는 것이 아니고 조직의 경영관리 전반에 적용될 수 있다. 즉, 손실된 인력을 기용하는 방안, 손상된 사업장을 복구·대체하는 방안, 분실한 데이터를 찾아 모으는 방법, 단절된 IT 환경을 재개하는 방안 등 경영에 필요한 각종 자원들에 대한 비상시 운영 방안으로 설명할 수 있다. 다만, 유사시 조직이 가진 자원을 어떻게 재배치하고 운용할 것인가의 방법과 계획에는 차이가 있다. 조직의 연속성을 확보하는 과정에서 필요에 따라 선택할 수 있으며, 조직과 환경이 가진 리스크 성향에 따라 선택 기준은 달라지고 있다.

현대와 같이 다변화하는 세상에서는 단일 전략보다는 다수의 전략을 조화롭고 균형 있게 공유하는 것이 권장된다. 특정 업무와 그에 해당하는 소수의 이해 관계자를 가진 조직일수록 전략은 한정적이지만, 사회나 국가 정도의 규모처럼 복잡한 가치 흐름이 공존하는 경우에는 다양한 전략이 조직 내에 질서 있게 분포될 필요가 있다. 어떤 리스크 환경에 어떤 전략이 어떻게 적용될 지에 대해서는 경영진과 의사결정권자 차원의 전략 테두리에서 검토되어야 하며, 필요에 따라서는 전문가의 도움을 통해 적절히 배분할 필요도 있다. 이는 조직 리스크 관리 전체를 기준으로 볼 때, 불확실성 높은 다양한 리스크가 조직 내에 어디에 숨겨져 있는지 파악하여 기능 중단에 대비하는 자원의 비상운영계획인 동시에 경영전략이라고도 할 수 있다.

리스크로 인한 영향이 단순히 외양에 영향을 주는 데 그치는 것이 아니라 조직의 존속 여부를 위협하는 지진, 쓰나미와 같이 거대한 재해가 있을 수 있다. 또 조직 내 부서나 개인이 만든 작은 사건이 사회 공급망이나 가치 사슬을 타고 나비효과(butterfly effect)를 일으키는 형태까지 다양하게 재현될 수도 있다. 최근의 이러한 사회 특징을 염두에 둔다면 현대 사회에서 연속성에 관한 조직 능력은 경영의 선택사양이 아닌 필수 요소가 분명하다.

사회의 연속성을 위해 책상 위에서 논의되어 오던 이론은 이제 사회 거버넌스 하에 접목되는 관리체제로 탈바꿈하는 과정에 있고, 연속성을 계획하고 실천하기 위한 능력을 배양하는 과정으로 '연속성 관리(continuity management)'에 대한 요구가 점차 높아지고 있다. 이는 '조직의 이해 관계자를 위한 중요한 업무 또는 기능이 불의의 사태로 중단되었을 때 한정된 시간 내에 재개할 수 있도록 전략과 계획을 수립하고 이행하는 총체적인 경영활동'으로 정의된다. 연속성 관리가 경영관리의 특수한 과정 또는 단편적인 과정으로 오인될 수 있는 여지가 없지 않지만, 사실 조직이 수행할 수 있는 경영과 리스크 관리 전반을 모두 다루고 있음을 알 수 있다. 연속성 관리의 본질은 리스크 관리 전반에 걸친 조화와 균형을 강조하고 있으며, 이는 리스크와 기회 관리의 본질과도 일맥상통하는 문제이다.

리스크 관리 기능의 중요성이 인식되면서 전 세계는 그 방법과 실천에 대한 요구를 증가시켜 왔고, 이는 곧 국제적인 표준으로 제시되었다. 지난 2007년 완성된 영국표준협회의 BS 25999-1,2는 비즈니스연속성관리(BCM : Business Continuity Management)의 방법론과 함께 국제 인증을 수행하기 위한 과정과 규격을 제시하고 있다. 이는 조직이 가진 최소한의 필수 기능을 유사시에도 연속적으로 유지하기 위한 방법과 실천 과정을 서술하고 있으며, 그 목표로 자신 이전에 이해관계자를 우선 보호함을 강조하고 있다. 또 연속성관리가 이루어지기 위해 조직이 어떻게 준비해야 하는가에 대한 절차와 조건도 기술하고 있다. 이는 지진이나 쓰나미와 같은 거대 재해에 맞서고 공존하기 위한 조직을 아우르는 것이며, 나아가 국제 사회가 요구하는 총체적인 관리체제로써 정착해 가고 있는 중이다.

쓰나미가 주는 과학적, 사회적, 정책적 시사

필자는 이 책을 통해 쓰나미의 재해 저감을 목표로 쓰나미를 과학적으로 분석해 보았다. 먼저 지진이라는 지구물리로부터 시작해 해양 파동에 이르는 물리현상을 설명하였다. 그리고 쓰나미가 인간 사회에 주는 피해와 영향을 분석했다. 이로써 해안에 거주하고 있는 주민과 각종 산업 시설들이 어떤 피해를 입고 어떤 사회문제를 야기하는지 파악했다. 그리고 현상의 과학과 사회 문제 사이에서 요구되는 정책 문제들을 설명했다.

결국 쓰나미 현상이 주는 시사의 결론은 재해에 대한 인간 방어능력의 요구로 매듭지을 수 있을 것이다. 재해 상황에서 사회 기능들이 제 효과를 발휘하기 위한 관리 시스템이 미비하거나 목표 설정, 이를 추진하기 위한 계획이 미흡할 경우 쓰나미에 관해 연구하고 분석해 온 모든 노력들이 의미를 잃을 수 있다. 이러한 목표의 설정과 방법은 사회 안전을 위한 계획 과정을 거쳐 제시되는 바, 산재되어 있는 과학기술로부터 사회 문제에 따른 필요한 기능들을 따로 집결시키고, 그에 대한 역할을 분담하여 실제 활용을 통해 재해 저감에 기여해야 한다. 균형 있는 계획 과정의 중요성이 강조되는 이유가 바로 여기에 있다.

리스크 관점에서의 사회 기능은 쓰나미라는 위해 요소를 볼 수 있는 인력 및 기술력, 쓰나미 현상에 대한 유무형의 정보들, 방재구조물 및 장비, 각종 제도, 사회 프로그램 등을 들 수 있는데, 이는 이미 확보되어 있는 경우도 있고 앞으로 갖추어야 할 사항인 경우도 있다. 물론 대응 정책은 행정 수혜를 받는 사람 중심으로 정립되어야 효율이 있다. 소위 탁상 행정과 반대되는 성과로써의 효율을 설명하자는 것이다. 명확한 목표와 역할이 부여된 사회 기능이 수혜자인 지역 사회나 주민들 위주로 생산되어 서로 유기적으로 연결될 때 비로소 바라는 목표가 달성될 수 있다. 그러나 거대 리스크를 바라보는 현실에 있어서 그러한 유기성은 많은 부분 결여되어 있는 것이 사실이다. 많은 과학과 정책 기술들은 그 목표와 역할을 상실한 채 개발되고 다시 소멸되고 있는 지도 모르겠다.

사회 문제로 인식되는 쓰나미 재해 저감을 위해 국가 거버넌스의 가장 상단으로부터 기술공학, 사회학, 경영학 및 행정학에 기반을 둔 계획을 통해 자원과 방법을 계획하고, 다시 기술정보, 자원들을 생산하여 거버넌스 내에 분산할 필요가 있다. 지금도 쓰나미 재해를 줄이기 위한 세계 각국 단체들의 끊임없는 노력이 계속되고 있다. 자연 외력은 점차 거세지고 있고, 인류가 이에 대처하는 일은 어느 순간 원시 부족사회에서 부족을 지키기 위한 영토 전쟁의 개념과 유사하게 변화하고 있다. 그동안 우리는 편리와 이익을 추구하는 데 분주해 자기와 사회 방어를 위한 노력은 생활과 별개로 인식해 왔으며, 결과적으로 거대한 자연 재해에 대항할 수 있는 능력은 한참 부족한 것이 현실이다.

필자는 자연현상과 기술공학으로 쓰나미를 설명하기 시작하여 피해의 관점에서 사회 문제를 바라보았고, 정책으로 연결하는 구도를 선택했다. 결론이 정책에 있다 하더라도 정책의 완성으로 가기 위한 과정이 그러하기 때문이다. 학교 교육, 사회 교육은 단일 단종의 유사 범주 내에서 사람을 가르치고 있으나 대재앙에 맞서기 위해서라면 보다 다양한 분야의 사람들이 소통하는 일이 필요하다. 또 이러한 소통이 다만 거대 리스크에만 국한된 일은 아닐 것이다. 국제화와 더불어 기능을 분산시키는 방법으로 경제성, 생산성을 높이고 있는 인류는 이제 모두 같은 영역에 공존하고 있는 셈이고, 따라서 작은 충격만으로도 전 세계가 흔들리는 구조에 처해 있다. 국제 사회가 동시에 리스크 영향을 입을 수 있다는 이야기다. 결국 쓰나미는 다학제적(interdisciplinary) 대응을 필요로 하는 동시에 세계와 국가, 사회가 공동 대처해야 하는 리스크이다.

쓰나미의 과학

펴낸날 초판 1쇄 2012년 5월 3일

지은이 **이호준**
펴낸이 **심만수**
펴낸곳 **(주)살림출판사**
출판등록 1989년 11월 1일 제9-210호

경기도 파주시 문발동 522-1
전화 031)955-1350   팩스 031)955-1355
기획 · 편집 031)955-4662
http://www.sallimbooks.com
book@sallimbooks.com

ISBN   978-89-522-1819-3   04080

책임편집 **최진**